"设计学"译丛　乔洪 / 主编

循环时尚

时尚行业的可持续发展

[美] 佩吉·布鲁姆 / 著

毛艺坛 / 译

中国纺织出版社有限公司

本书中文简体版经Laurence King Publishing授权，由中国纺织出版社有限公司独家出版发行。本书内容未经出版者书面许可，不得以任何方式或任何手段复制、转载或刊登。

著作权合同登记号：图字：01-2022-1679

图书在版编目（CIP）数据

循环时尚：时尚行业的可持续发展 /（美）佩吉·布鲁姆著；毛艺坛译. — 北京：中国纺织出版社有限公司，2022.6

（"设计学"译丛 / 乔洪主编）

书名原文：Circular Fashion：Making the Fashion Industry Sustainable

ISBN 978-7-5180-9186-7

Ⅰ. ①循… Ⅱ. ①佩… ②毛… Ⅲ. ①服装工业 — 经济可持续发展 — 研究 Ⅳ. ①F407.86

中国版本图书馆 CIP 数据核字（2021）第 262188 号

责任编辑：华长印 李淑敏 责任校对：王花妮
责任印制：王艳丽

中国纺织出版社有限公司出版发行
地址：北京市朝阳区百子湾东里 A407 号楼 邮政编码：100124
销售电话：010 — 67004422 传真：010 — 87155801
http://www.c-textilep.com
中国纺织出版社天猫旗舰店
官方微博 http://weibo.com/2119887771
北京华联印刷有限公司印刷 各地新华书店经销
2022 年 6 月第 1 版第 1 次印刷
开本：787×1092 1/16 印张：11
字数：186 千字 定价：168.00 元

凡购本书，如有缺页、倒页、脱页，由本社图书营销中心调换

循环时尚

时尚行业的可持续发展

目　录

时尚产业的演变

时装是自我表达的主要形式，是人类文化和身份认同的表征。它可以向世界展示我们是谁，或我们想成为谁。因此，时装对我们的生活和整个社会都有很大的影响。时装的生产和销售是一条巨大的产业链，包括从设计、开发到采购、物流、零售和营销。随着不断地改良和发展，如今，时尚产业是一个集技术、工艺和人才创新于一体的行业。

我们今天所熟知的时尚产业，直到20世纪末才开始发展。为了了解这个行业的现状，探究时装在过去300年的生产历史，如何从手工制作到数字化生产，从慢到快，最终发展成价值万亿美元的全球产业就显得尤为重要。

家庭手工业制：1300～1750年

18世纪中叶之前，西欧和美国的绝大多数人一辈子都在农村辛苦劳作。农业社会的特点是劳动力密集、工作节奏缓慢。其经济基础是一种自给自足的模式，以等价商品或自己生产的商品进行易货交换。

在农业社会，每个家庭都是自己缝制及修补衣服。制衣的布料通常由亚麻、棉、大麻等植物纤维以及羊毛、毛皮等动物纤维制成。把纤维纺成纱线再织成布料这一系列工作都是在家里完成的。由于制作时间较长，大多数人的衣服数量非常有限。手工技艺在这一时期受到重视，人们会长期保存衣服甚至传给后人。

人们把碎布（破布）重新做成被子卖给商

早期衣橱的主要物品

工装是劳动人民的主要服装，也是农村最具特色的服装。最早的工装很简单，用漂白的亚麻布或粗斜纹棉布制成，裁剪成宽松的形式，仅在尺寸上有所区别。许多工装通常都是在家里制作的，至少在50年的时间内代代相传。即便如此，还是有证据表明，在19世纪早期就已经出现了服装贸易。①

贩，或直接卖给那些能把它们变成新商品的小贩。生产和制作的过程就像一个闭环系统，在这个系统中，材料被重复使用创造出新的产品，纺织废料很少。

家庭手工业

到了前工业时代，除了农业之外，主要的商业模式就是家庭作坊，即所谓的"家庭手工业"。所有家庭成员都参与商品的生产销售，如食品、衣服、家具和工具。手工缝制的服装需要时间和技巧。

家庭手工业：由家庭成员构成的小型商业模式。
——牛津学习词典

这些小规模的家庭作坊（或外包模式）增加了农村家庭的家庭收入。商人们利用家庭劳动力的优势，将原材料"外包"给家庭手工业生产和制造各种商品，如军用服装、长袜、蕾丝、鞋和纺织品。

同一个家庭的成员在一个房间里一起工作是很常见的，虽然工作时间很长，但是他们可以在午餐的时间休息一会儿，或者在家里照顾孩子。工人的工资是按"件"计算的，报酬的多少取决于产量和产品的质量。通常在几个家庭（一般是农舍）之间进行材料或服装不同阶段的加工。工人的性别决定了工作类型：女性负责纺织纤维，男性不仅要种植、收割植物，还要负责织造并把织好的布料带到市场上。

到了18世纪，随着社会的发展，家庭手工业的缓慢生产方式开始逐渐难以跟上不断增长的人口和服装需求。

这一时期，发明家和企业家们开始研究提高产量的方法和机器，最终导致农村就业机会

1783年，自学成才的爱尔兰肖像画家、雕刻师威廉·欣克斯（William Hincks）出版了12幅亚麻制品的系列点刻版画。图中这幅版画描绘了家庭手工业妇女工作的场景：两个女人在荷兰手摇式纺纱机上纺纱，一个女人在用一个六角形框架绕线；另一个女人在一个大锅里煮纱线，并用棍子搅拌；一个年轻的男孩坐在她后面。这个场景是家庭手工业的代表，整个家庭的成员都参与了工作。

的丧失和家庭手工业的消亡，迎来了机械化时代。

工厂制：1760~1830年

随着纺纱机械化的出现，纺织生产领域的新发明和新技术应运而生。1764年，织布工詹姆士·哈格里夫斯（James Hargreaves）发明了由1个轮子带动8个锭子的"珍妮纺纱机"，功效一下子提高了8倍。1769年，理查德·阿克莱特（Richard Arkwright）发明了"水力纺纱机"并申请了专利，从而可以在一台机器上进行大规模纺纱。水力纺纱机需要巨大的能量，因此必须建在河流旁边，利用水的力量使其旋转。

另一个关键的转折点是1785年埃德蒙·卡特赖特（Edmund Cartwright）的动力织布机。这是一种由蒸汽驱动的织布机，由脚踏板控制，升高或降低经纱（垂直的纱线），而纬纱（水平的纱线）被拉到经纱之间形成织物。这类机器使纺织品的生产效率更高、速度更快。

所有这些发明，推动了以农业和手工业为中心的英国社会向以工厂为基础的机械工业化转型，这一转型称为工业革命。

工业革命：指18~19世纪欧美使用机器、工业迅速发展的阶段。
——牛津学习词典

工业革命使商品的生产量达到了史无前例的规模。衣服、鞋子、工具和家庭用品的生产过程变得更简单，价格也更便宜。为了扩大生产规模，人们开始拓展国外市场，在国际上销售这些商品，从而推动了工业化国家的经济发

19世纪，在美国北部一家工厂工作的纺织工人。

展，创造了新的财富。

18世纪末，始于英国的纺织工业技术传播到了美国。伊莱·惠特尼（Eli Whitney）发明的轧棉机（1793年获得专利）取代了较慢的手工清除棉籽的方法。1793年，英国人塞缪尔·斯莱特（Samuel Slater）在美国罗德岛的波塔基特市凭借记忆成功复制建造了一座水力纺织厂。他被认为是美国纺织工业的创始人，被称为"美国工业革命的奠基者"，正是由于他带来的技术开启了美国的工业革命。

在西欧和美国，被称为"工厂"的新兴生

产形式取代了乡村工业，用蒸汽机生产面料和服装。那些曾经在家或是小店铺、农田里工作的人们，移居到了城市，在大公司里找到了工厂的工作。

工厂里工人工作的环境单调、危险、不卫生，纺纱机的运作部件没有保护装置，因此操作风险高。许多工人被迫长时间工作，却只得到很低的工资。孩子们需要工作来增补家庭开支，童工现象非常普遍。

19世纪早期的政治意识形态是古典自由主义，强调政府在极少或不参与的情况下保障个人自由。因此，受工厂主剥削的工人几乎得不到政府的保护。

到19世纪中叶，由沃尔特·亨特（Walter Hunt）、伊莱亚斯·豪（Elias Howe）和艾萨克·辛格（Saac Singer）三位发明家发明的机械化缝纫机加快了生产的步伐，提高了产量。

在此期间，一种特定类型的工厂出现，一个被称为"雇主"的中间人在"雇佣模式"下指挥其他人生产服装。这些工作场所被称为"血汗工厂"。

血汗工厂：工厂或车间，尤指服装业，体力劳动者以极低的工资长时间受雇，工作条件恶劣。
——牛津词典

成衣的开端

由于购买面料变得容易，工厂和商家开始生产和销售一种新型服装，这种服装按标准尺寸制作，价格实惠，不需要试穿，被称为"成衣"，如衬裙、衬衫、裤子、手套和帽子等。

成衣：按照一系列标准尺寸而不是按照顾客的具体尺寸制作的服装。
—— 柯林斯词典

随着工业化的发展，城市中产阶级队伍逐渐壮大。技术工人、经理、会计师和公司职员们有多余的钱去购买休闲用品了。

1851年，在海德公园标志性的水晶宫内举行的第一届世界博览会，展示了工业化是通向美好未来的关键因素。600万名观众参观了来自世界各地的新技术、新发明和消费品，流连于异彩纷呈的展品之间。本次展览会从品位、文化和时尚各方面都对观众产生了积极的影响。

1851年，水晶宫，观众在展览会上欣赏最新的发明。

纺织厂商和企业家们受大型展览建筑，尤其是大型玻璃的使用和内部的视觉陈设的启发，开始在大城市开设百货商店。

百货商店：一个大型的店铺，由不同的部分组成，每个部分出售不同类型的商品。
—— 牛津学习词典

世界上第一间百货公司是创立于1852年的乐蓬马歇百货公司（Le Bon Marché），随后是1858年巴黎的梅西百货（Macy）、1909年伦敦的塞尔福里奇百货（Selfridges），这些百货商店为越来越热衷于消费的公众提供了大量量产商品。

购物作为一种娱乐休闲方式，为中上阶层的时尚女性提供了一种新的活动，可以在远离家庭和男性陪伴的情况下完成。这使百货商店变得与众不同。商店以新颖的展示技巧和为商品贴上价格标签营造不同的购物体验，许多商店还设置了餐厅和茶室来满足女性的社交需求，希望她们将购物视为一种社交活动。

以可可·香奈儿（Coco Chanel）、保罗·波烈（Paul Poiret）、马德琳·维昂内（Madeline Vionnet）为代表的法国时装设计师在20世纪初登场，迅速赢得了"国际时尚引领者"的声誉。抄袭款式的行为在美国是合法的，许多美国的百货公司派员工到法国秘密绘制巴黎时装周的时装设计，在他们自己的秀场上展示了让人印象深刻的"巴黎原创"。

仿制品：某种流行的东西的复制品或仿制品，售价低于原版。
—— 韦氏词典

制造商不断征用外国劳动力，服装工厂迅速崛起，服装定制向成衣制造转变。由于缺乏保护，工作条件不断恶化，很多大城市的血汗工厂都隐藏在贫民窟里，工作环境更为糟糕。1911年，纽约市三角内衣工厂火灾造成146名制衣工人死亡，引发了公众的强烈抗议，促使政府采取新的改革措施。

20世纪20年代和30年代，随着广告、时尚杂志、邮购目录和连锁店的兴起，女性成衣数量激增，她们有越来越多的服装可供选择。

具有代表性的是20世纪30年代引进了合成纤维——尼龙，是由杜邦公司在20世纪30年代研发的，被誉为第一种全合成纤维。尼龙长袜比丝袜更结实、更实惠，1940年开始商业化销售，立刻受到市场的欢迎。

随着20世纪社会的发展，购买力不断增强的中产阶级开始大量购买新型、创新的合成纤维服装。例如，1951年，纽约市的一家服装制造商推出了一种男式夏装西服，其营销口号是"奇迹可以发生"。这种革命性的西服比天然纤维制成的西服价格更便宜，而且据说更易打理，它是由一种新的合成纤维涤纶制成的。[②]

因此，现代时尚与技术进步密不可分。贯穿历史的新思想和新方法决定了我们的穿着习惯，改变了服装的设计、制造、运输、销售和穿着方式。

计划报废

　　有时候一些想法源于"灯泡时刻"，是一种思维的突破或突然清晰的认知。这种"灯泡"长久以来一直是新思想、人类智慧和创新的象征。每当动漫中的角色想出一个新点子时，一个灯泡就会出现在他们的头上并点亮。瞧！一些新的东西诞生了！

　　事实上，一个我们在拨动开关时几乎不会多想的日常用品——灯泡，展现了时尚界常用的最好和最早的设计策略之一：计划性报废。灯泡发明于19世纪上半叶，19世纪末灯泡寿命可达到2500小时。这项创新对消费者来说是个好消息，但对灯泡制造商来说就不那么好了。寿命的延长减少了灯泡的销售量，利润也不断下降。

　　1925年，灯泡制造商成立了企业联盟，并在瑞士召开会议，讨论这一严重的行业危机。

　　他们讨论决定将灯泡的寿命限制在1000小时。制造商要求他们的设计师和工程师研发这种寿命更短的新灯泡。随后，"全新改进的"寿命为1000小时的灯泡面市。灯泡企业联盟通过限制和标准化灯泡的使用寿命，有意使他们的产品被淘汰。随着消费者不断购买和安装这种新型灯泡，最终灯泡的销售额增加，制造商利润也随之稳步攀升。[③]

法国每年售出超过1.3亿条紧身裤。

　　2018年，"停止计划性报废"协会对3000多名女性进行了调研："为什么祖母们的紧身裤看起来比我们的更耐穿？"

　　在这项研究中，超过三分之二（70%）的女性表示，她们的紧身裤一般最多穿6次就会破损或变形，然后扔掉，每个季度不得不购买多达11条紧身裤。这主要源于两方面原因：面料质量差和耐用性低。

　　法国政府一直在努力对抗消费产品的计划性报废，2020年推出一项倡议：企业自愿在产品包装上贴上标签，标明产品的预期使用寿命，并将其可修复性评级设为1~10级。如此一来，会离时尚越来越遥远吗？

快时尚

在20世纪的最后几十年里，时装设计师变得像灯泡设计师一样，开发寿命有限的服装和配饰。西班牙时尚品牌Zara是Inditex集团的旗舰品牌，在20世纪90年代初第一个引入了成功的快时尚商业模式。"快时尚"这个词用来形容零售商的快速生产模式。一款新产品从T台的设计草图到零售店铺上新，只需要短短的3个星期。④

为了与这种新的生产模式竞争，许多时尚品牌开始在供应链上作出妥协，牺牲质量和可持续性，推出各种各样的新款式。

快时尚产品在生产过程中使用劣质的材料和工艺，产品寿命短。一项调查年轻时尚消费

伦敦牛津街上的快时尚。

者消费习惯的研究发现，快时尚产品穿着次数通常不会超过10次。⑤ 很明显，主流或大众时尚产业正在有意创造质量低劣的服装。

此外，很多时装品牌引入了快时尚周期这个概念。通过频繁变化流行的色彩、款式和风格，让消费者感到他们的服装过时了。通过这种手段，即便消费者衣橱里的衣服够用且耐穿，也阻止不了他们频繁购物的热情，品牌利润因此增长。

媒体每天提供来自秀场（T台）、街头、一线名人、红毯、有影响力的人物等新鲜及时的时尚和潮流信息，加速了人们的消费欲望。数字化快速时尚品牌——"时尚新星"（Fashion Nova）与1000家制造商合作，每周推出600~900种新款式。该品牌在Instagram软件上有1700多万粉丝，许多用户定期发布穿着

13

该品牌时尚服装的自拍照。⑥

传统营销方式和数字营销平台加快了那些"时尚"和"追求时尚"的消费者们不断给衣橱添置新物的速度。例如，一件宽松的超长连衣裙在下一季就会被合身的迷你裙"取代"，紧身裤比宽松的裤子更流行，绿色与蓝色一比就显得过时了。这种计划性报废的策略为时尚产品设定了有效期，制造了一种在衣服完成整个生命周期之前就需要被淘汰的错觉。

当我们进入21世纪的第三个十年，我们与衣服的关系已经发生了根本性的变化。低成本时装生产和销售的速度同比增长，加快了服装消费的速度，也造成了浪费，这就是所谓的"获取、制造及弃置"线性模式。

获取、制造及弃置模式

线性经济：基于"制造—弃置"的传统经济模式。

—— 宝石

计划性报废的模式，代表了一个始于工业革命时代并沿用至今有几百年历史的经济体系。这是一种线性思维模式，由创意和知识产权（IP）的所有权驱动，并由追求资源和利润的生产模式所推动。这种模式在供应链上会产生很多浪费。

让我们来看看"获取、制造及弃置"模式中两个关键环节——制造和消费环节的环境浪费。

制造浪费

最早的传统服装制造形式被称为CMT（剪裁—制作—修整）。CMT工厂完成服装制作的所有环节。他们裁剪布料、缝制、添加其他辅料，如吊牌、纽扣、标签等。一些CMT工厂可能会将工作的各个部分分包出去，但通常他们会完成整个生产过程。

消费前废物是指在产品到达消费者之前，在供应链的制造过程中浪费的材料。例如，生产过程中丢弃的剩余布料或装饰物。根据逆向物流体系，由于各种原因，在原始供应链中有25%的多余资源。即使有些材料被用在别的地方，大多数材料还是被降级回收，焚烧或丢弃⑦。

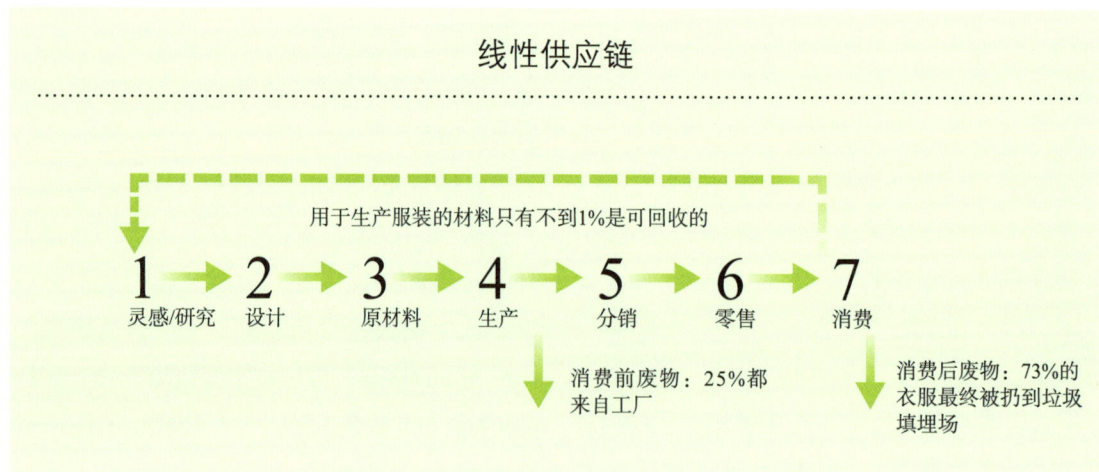

线性供应链

用于生产服装的材料只有不到1%是可回收的

1 灵感/研究 → 2 设计 → 3 原材料 → 4 生产 → 5 分销 → 6 零售 → 7 消费

消费前废物：25%都来自工厂

消费后废物：73%的衣服最终被扔到垃圾填埋场

降级回收：以低于原物价值的方式回收（某物）；从被丢弃的价值较高的物品中创造价值较低的物品。

—— 韦氏词典

消费浪费

消费者处于线性供应链的末端，消费并处置产品，是产品生命周期的最后一个环节。消费后废物是指消费者使用产品之后的材料废物。据估计，每年有5000亿美元（3850亿英镑）的损失是由于衣服几乎没有穿过，也很少被回收利用造成的。2017年哥本哈根时尚峰会（the Copenhagen Fashion Summit）的时尚产业报告显示，时尚产业每年要产生9200万吨（吨）的固体垃圾，占全球每年21.2亿吨垃圾的4%。[8]

消费后：（指消费品）被丢弃以便处理或回收。

—— 柯林斯词典

供应链问题不会因为宝贵的资源，如水、能源、自然资源和动物资源被浪费而消失，也不会因为垃圾填埋场里无法生物降解物理废弃物而消失。生产和消费服装产品越来越容易，供应链问题也延伸到一件服装从无到有所花费的所有人力和精力。服装的消费者与制作者越来越脱节。大约有6000万人受雇于时尚价值链，大多数是妇女，她们没有享受到公平的就业权利，也没有分享到世界上最赚钱的时尚品牌的荣誉。

我们需要重新思考供应链上的每一个步骤，如土地和资源的使用、材料的设计、材料的属性和最终使用等，从而建立一个新的经济体系。一想到面临的挑战，我们可能会心生畏惧，但如果我们首先自己思考一下，然后与周围的人探讨，可能会发现集体思维的转变。

思考：如何更深入地思考我们创造的产品，我们产生的废物，以及我们自己的服装消费习惯？

有10秒钟吗？

"每秒钟，就有一车的纺织品被填埋或焚烧。[9]

第一部分

创造

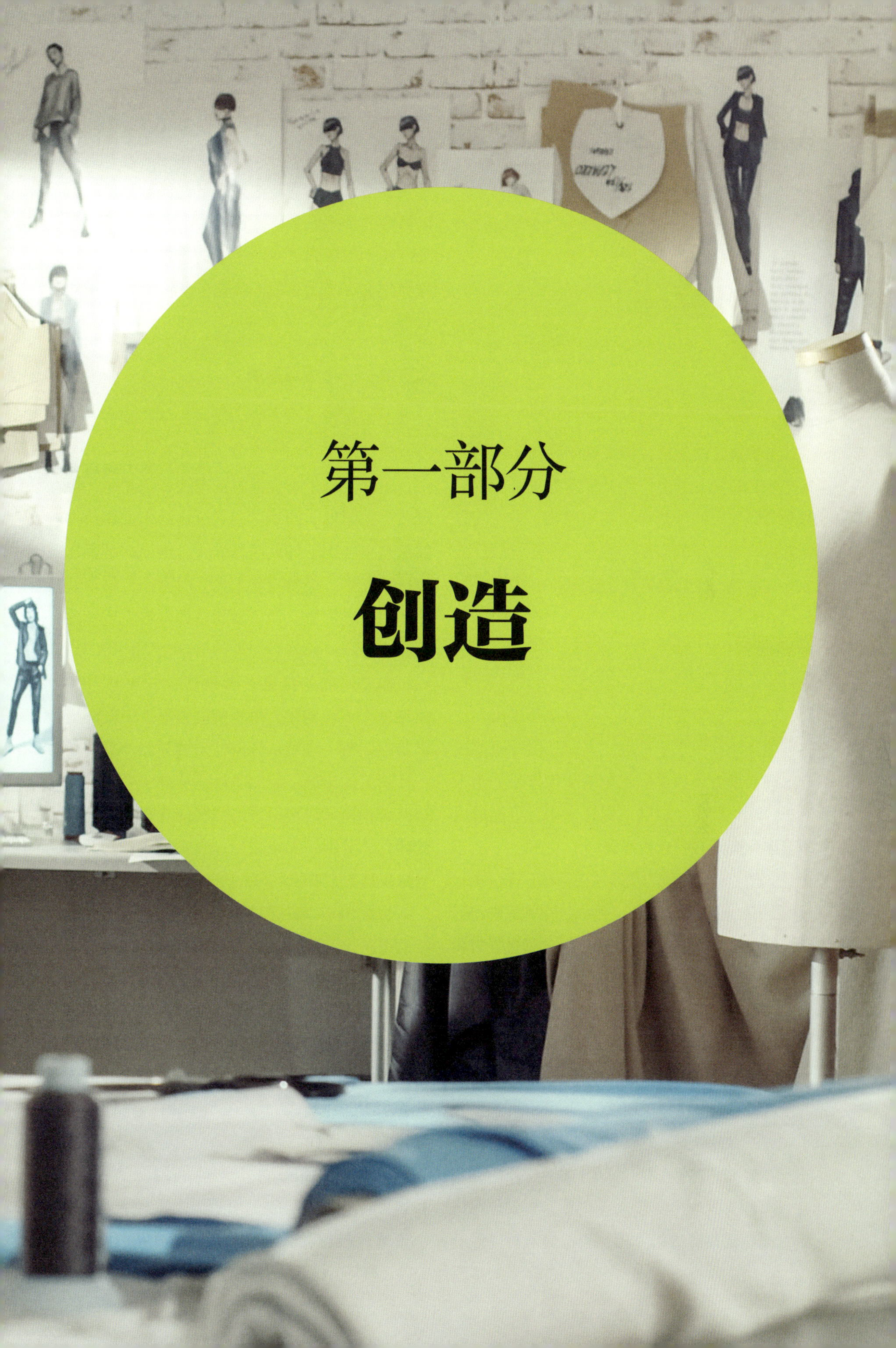

第1章
循环思维

当我们开始质疑我们究竟向往什么样的时尚产业的时候，就会产生一种新的思维，成为创造美好未来的催化剂。我们需要一种新的思维方式，一套新的假设、方法或信念，以促进可持续发展，使其成为行业标准的一部分。

循环游戏

现在，想象有一个圆。从数学角度出发，你可能会想到一个平面圆，其周长由等距离的点组成。或者，你可以想象一个物体或一个人不止一次地绕着地球转。圆是一切皆可能的模型，因为圆没有起点或终点。

圆是一个很有效的全球通用符号，在一些宗教的图像中具有重要意义。例如，在佛教中，圆通常代表哲学，与出生、生命、死亡和重生的周期性相对应，不断循环旋转。当一个圆转动时，其中心静止，周围的一切都围绕它转动。

科学家们以原子、分子、行星、轨道、太阳和月亮的形式研究圆形。像亚历山大·考德（Alexander Calder）和瓦西里·康定斯基（Wassily Kandinsky）这样的艺术家都画过圆，而像乔尼·米切尔（Joni Mitchell）这样的音乐家则唱过与圆相关的歌。一些心理学家甚至认为，将形状与情感相关联，圆与快乐对应。最

重要的是，自然界中的许多过程都是圆形的，以循环的形式发生，或循环的某些部分能最大限度减少能源和资源浪费。这些循环使许多过程和生物在永无止境的变化中基本上处于平衡状态。

大自然：一个循环系统

大自然是一个完美的循环系统，赋予时装产业设计灵感。四个季节（春、夏、秋、冬）交替轮回。每个季节都有自己特有的光照、温度和气候条件。四季更替对植物的生长和动物的繁殖也产生了巨大的影响。自然界中不存在垃圾填埋场。植物吸收阳光，动物靠植物和其他动物延续生命。动植物死后都分解为生物分子和矿物质，滋养下一代。

随着时间的推移，林地通过"更迭"的循环过程不断变化。每个阶段为下一个循环奠定基础。第一阶段从裸露的土壤开始，可能是一片荒芜的土地；第二阶段是从种子生长到幼苗，再到树木成形，最终都会随着森林的演变而死亡、分解；如果发生火灾等干扰，森林会慢慢恢复到原来的状态，从破坏中恢复过来。[10]

仿生学是一种通过模仿大自然，寻求可持续的方法来解决人类面临挑战的创新方法，其目的是创造能够长期适应地球生活的产品、流程和策略或一种新的生活方式[11]。仿生学的核心思想是，大自然是人类生存的秘密。例如，向白蚁学习如何建造可持续发展的建筑，或者将森林重新想象成工厂。

仿生学有三个关键原则：

1. **以自然为模型**：研究自然的模型，然后模仿这些形式、过程、系统和策略来解决人类的问题。

2. **以自然为尺度**：使用生态标准来判断我们创新的可持续性。

3. **以自然为向导**：看待和评价自然，不是基于我们能从自然世界中得到什么，而是基于我们能从中学到什么。[12]

从大自然中学习

时尚在很大程度上依赖自然资源。我们的服装是由植物（棉、亚麻、人造丝）、动物（皮革）、昆虫（丝绸）和石油（聚酯、丙烯酸）中提取的纤维织造而成。农民们耕地、播种、浇水、施肥、除虫，我们才能从种植出的植物中提取纤维织造成喜欢的棉质T恤。用食物喂养动物，这些动物死去后的皮毛又被用来制作皮鞋、手提包和皮带。从地底勘探的石油，可以生产合成纤维，也是将材料和衣服运

上图：约翰·巴尔德萨里（John Baldessari）在2015年《时尚芭莎》中完美地运用了循环思维。

送到每个家庭和零售商店的燃料。

"自然资本"是指世界上的自然资产存量，包括所有生物、土壤、空气和水。[13] 随着人类需求和消费者对服装需求的日益增加，人类面临能源危机，迫切需要恢复和再生这些资源。

为了满足这种需求，循环时尚遵循自然的两个重要方式是再生和恢复。"再生"是指再生或替换某物，"恢复"是指使它恢复到正确的状态。材料的选择在循环时尚中异常重要，可以减少对环境的负面影响。通过重建土壤和恢复退化的土壤生物多样性来再生和恢复农业，可减少对环境的破坏。例如，大麻是一种天然的害虫克星，种植大麻可以防止土壤侵

蚀，并且只需要少量的水。大麻具备优良的耐久性和生物降解性能。

循环时尚

通过比较一条线和一个圆，很容易理解循环时尚的概念。直线没有端点，向两边无线延长，参考"线性供应链"（见第14页）。现在，想象一下一条生产线上使用的所有资源，例如，用于制作衣服的材料，将衣服买回家的包装和购物袋，也包括你挂在衣橱里准备淘汰的服饰。当我们将这些资源使用结束后，我们就会将其丢弃；换句话说，我们不断地消耗这些资源。这些废弃的材料堆积起来，可能成为垃圾填埋场或自然环境中的垃圾。

如果将这条生产线变成一个圆形，在这个圆形中，负责任地采购原材料，以延长使用寿命为出发点来设计服装，使它们在整个生命周期中保持循环，当不再使用时可以被回收，成为未来产品的宝贵资源。

"循环时尚"是指让衣服、鞋子或配饰在设计、采购、生产和供应的过程中发挥最大价值，尽可能长久地在社会中被有效使用和流通，不再使用时可回收利用。
—— 安娜·布里斯玛（Anna Brismar）博士，2017年，《绿色战略》[14]

如果能抓住新的经济机遇，又了解循环时尚模式的每一个组成部分与自然资源、人类和地球的关联，你就会明白这种从一条线到一个圆的转变是最自然、最适应未来的时尚方式。

循环时尚模式

"责任循环"是指产品的整个生命周期——从种子和纤维、设计和材料、染料和整理剂、制造和再制造，到工厂、运输和包装的工人，以及客户如何修理、更新，或转售产品的责任、可追溯性和所有权。

"循环时尚模式"代表了围绕其供应链的责任循环，这对于所有时装和配饰生产商都至关重要。责任循环统一了整个时尚系统的共同目标——设计、生产和消费干净、安全和符合道德标准的服装。

研发

向循环时尚模式转变的关键是设计，服装设计师们从一开始就需要将自己视为精心设计的服装的共同创造者，以实现服装的耐用性、可拆卸性、可回收性和可生物降解性。设计过程中要不断反思"我们想循环的是什么"，并确保每个产品都有一个责任循环。作为积极变革的推动者，设计师们要分享验证概念的过程，以及不断尝试和失败的经验，将循环设计带入生活。

概念验证：产品开发过程中确定产品按预期运行。
—— 柯林斯词典

循环时尚模式

- 1.研发
- 2.制作
- 3.市场零售
- 4.使用|保养
- 5.更新

时尚的循环性要渗透在其价值链的每
个环节。

制作

以人为本的数字化营销体系围绕人员和流程创建了一个责任循环。在生产中利用创新的技术，对废弃物进行改造设计，增加回收纤维比例，减少水资源浪费，杜绝使用有毒的化学物质。对员工尊重、安全、有保障的工作环境以及培训和技能提升是新工厂系统的组成部分。良好的工资制度可提升员工的幸福感。

市场

跨行业合作的重点是可再生能源、清洁运输和环保包装设计，所使用的损益财务方法和投资方法必须考虑到对环境问题及其在创建、制造和销售服装方面的影响。商店的照明、设计和销售模式的影响应尽量降到零。同时还需要向消费者完整、真实地介绍、销售循环产品。

使用/保养/维修

产品生命周期评估（PLA）就是检查服装生命周期的每一个阶段并进行调整，将对环境的影响降为最低。服装生产商提供保修和简易的服装修复工具包，并保证服装质量、环保性和耐用性。消费者具有不同的消费习惯，他们参与责任循环，获取时尚产品的方式从购买转变为租赁或面向服务的模式。

更新

要在全球范围内形成消除纺织品浪费的责任循环，需要不断完善国际行业信息交流、新技术和基础设施、收集和加工的标准和管理、多方利益相关者的资助和倡议。人们竭尽所能从废旧服装中收集材料，将第二代甚至第三代的服装与第一代的废旧服装都纳入循环体系中。

改变认识

当一个体系存在的时间和线性系统一样长时，习惯和惯例就根深蒂固了。时装行业从业者可能已经学会了用一种方式做事，就不会去质疑这种方式的合法性或考虑其他更有效的方法；消费者可能也已经习惯了低价、款式多和更新频繁的时尚产品。

对所有的利益相关者进行教育和启发，让他们对当前的方法、实践或过程有新的认识，并开辟新的工作方式和消费方式，这一点至关重要。

利益相关者：对组织、社会等负有责任并具有利害关系的相关人员，如雇员、客户或公民。
—— 剑桥词典

消费者心态

消费者希望从时尚品牌那里获得循环和可持续性发展方面的信息、知识和通用语言。他们对品牌在网站、社交媒体和广告中传达这些信息的方式越来越感兴趣，并且也在寻找第三方的认证和标签来验证品牌声明的真实性。消费者可能还会通过吊牌、标签、包装和专业的销售人员来帮助他们选择更具可持续使用性的产品。

尽管似乎许多调查表明消费者有意向拥有合乎道德和可持续发展的产品，但很多人却仍然不愿意支付与之相关的额外费用。电商平台

Nosto在2019年的一份报告中指出，在接受调查的2000名美国和英国消费者中，有52%的人希望时装行业遵循可持续发展的做法，但只有29%的人愿意为可持续使用的服装支付更多的费用。⑮

传统理性的消费者行为模型表明，个人在做出购买决定时，会平衡产品的成本和利益。可持续的、有道德的消费者会对成本和收益做出理性的判断，同时也会看到他们的购买对世界、环境和健康的影响。然而，时尚消费是建立在非理性模型的基础之上，这种模型是由快乐、欲望和兴奋驱动的。这就形成了一种不太理性的消费方式，在这种消费方式下，欲望可能会抑制理性购买决策对可持续性、道德和环境后果的影响。

时尚品牌必须通过内置的可持续解决方案，在不增加成本的前提下创造受消费者欢迎的时尚产品，从而改变消费者心态。要做到这一点，品牌必须将可持续性视为一种组织变革，通过新技术和新的商业模式来迎接挑战。

行业心态

朝着更可持续和循环过程的变革需要时间，要看到成效还需要经历一个过渡期。

我们需要将循环系统看作是资源分配和时间的一项投资。新方法、新流程和新实践可能会带来不确定性，甚至短期内看有些混乱，但这是获得长期效益和有益于环境发展的必经过程。使用永久的标准化操作程序，更利于成功。

系统思维

循环时尚模式需要协作的心态——以一种多学科的视角来看待和谈论当前的过程或实践，并认识到事物的相互关联性。分析问题的传统思维是将系统分解成不同的元素来研究，与系统思维截然相反。

系统思维是指在系统的各个要素相关联，并与其他系统也相关联的背景下去理解事物，而不是孤立地理解系统的各要素。系统思维注重周期性而非线性的因果关系。

——艾伦·麦克阿瑟基金会（Ellen MacArthur Foundation），ellenmacarthurfoundation.org

系统思维不是孤立地看待问题，而是在活动过程中或在更大的网络环境中看待问题。例如，一个组织中的采购决策不仅与物料成本、交货时间和质量有关，还关系到生产成本、时间灵活性和产品寿命，以及公司的财务管理。因此，购买决策与组织的整个系统相关。

循环经济

循环时尚模式只是循环经济的一部分，循环经济是一个全球经济体系，它植根于许多思想流派，这些思想流派自20世纪70年代以来一直在推动其发展。

循环经济（CE）是指产品和服务以循环流动的方式进行交易。循环经济的特点是通过设计实现可再生的经济，其目标是尽可能保留产品、零件和材料的价值。

—— 弗赖·博本（Krajijenhagen），范·奥本（Van Oppen）和博肯（Bocken），2016⑯

循环经济模式

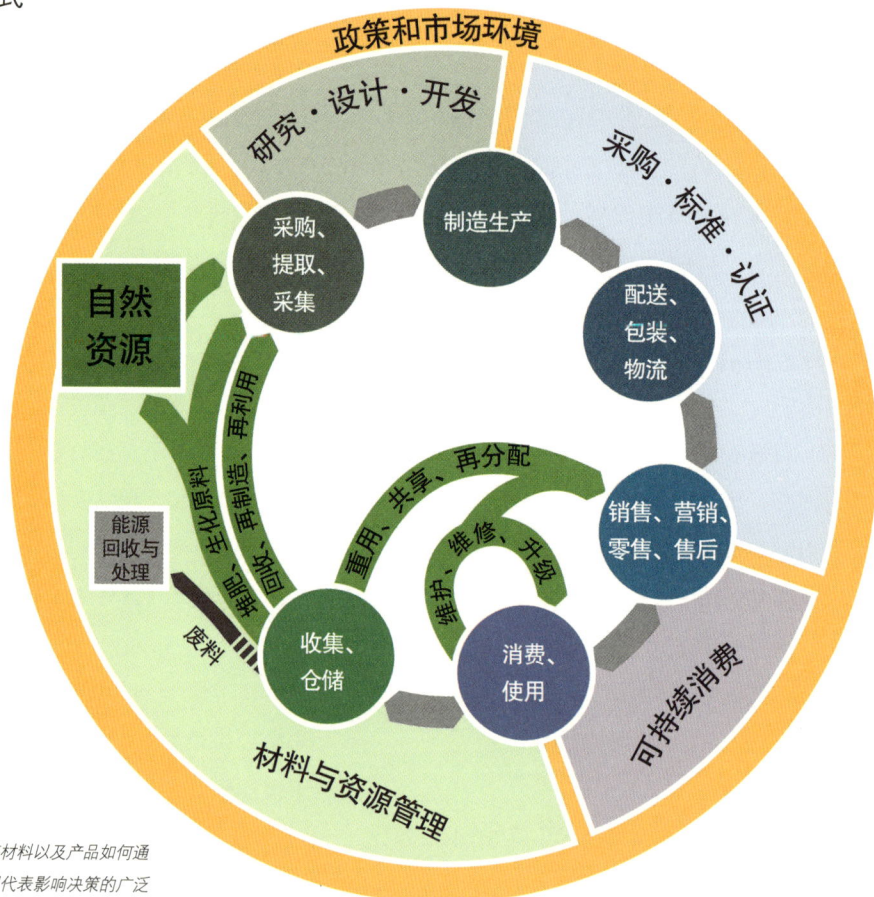

政策和市场环境

研究·设计·开发

采购·标准·认证

自然资源

采购、提取、采集

制造生产

配送、包装、物流

生化原料

堆肥、回收、再制造、再利用

重用、共享、再分配

维护、维修、升级

销售、营销、零售、售后

能源回收与处理

废料

收集、仓储

消费、使用

可持续消费

材料与资源管理

该图显示了织物、包装材料以及产品如何通过循环经济运行。外圈代表影响决策的广泛的政府和市场政策，而内圈表示纸张和包装产品的生命周期各阶段。绿色环路表示在消费或首次使用后循环的各种途径。

为了有助于时装行业的企业和组织成功地实施变革，可以从以下角度对循环经济进行理解。

成可在生物循环或技术循环内不断恢复，可再生、回收和再利用。[17]

从摇篮到摇篮

建筑师兼工业分析师沃尔特·斯塔赫尔（Walter Stahel），在20世纪70年代后期提出了"从摇篮到摇篮"这一理念。从20世纪90年代开始，迈克尔·布朗加特（Michael Braungart）和威廉·麦克唐纳（William McDonough）提出了"从摇篮到摇篮"的概念和认证流程（见第147页）。该设计理念旨在消除浪费，使用可再生能源，尊重人类和自然。这一概念区分了生物循环和技术循环，并指出产品组成部分应设计

绩效经济

沃尔特·斯塔赫尔（Walter Stahel）致力于开发生产过程的"闭环"，并于1982年在日内瓦成立了产品生命研究所。该研究所追求的四个主要目标是：产品寿命的延续、开发长寿命产品、产品翻新和减少废物的产生。基于这些目标，沃尔特·斯塔赫尔提出了"绩效经济"的概念。这是一种通过销售服务而非商品来减少环境影响的经济模式。[18]

从摇篮到摇篮的案例： 阿迪达斯x帕雷
（*Adidas x Parley*）合作，利用从海洋中回
收的塑料垃圾制造出成功的商业产品。

闭环循环： 例如，通过污水处理系统
或与之相关的系统，污水得以循环利
用，即可处理或回收再利用。
——在线语言词典查询网

工业生态学

工业生态学是工业系统环境管理的一个学
科，通过结束产品、工艺以及工业部门和经济
体中的材料循环来减少工业对环境的影响。

自然资本

"自然资本"是将世界上自然资源（包括
空气、水、土壤和所有生物）的存量作为具有
巨大经济价值的商业资产。保罗·霍肯（Paul
Hawken）、阿莫里·洛文斯（Amory Lovins）
和亨特·洛文斯（L.Hunter Lovins）在其著作
《自然资本主义：创造下一次工业革命》中指
出，一个商业和环境利益重叠的经济体系可以
同时满足客户的需求、增加利润和解决环境
问题。[19]

设计师伊莎贝尔·弗莱彻（Isabel Fletcher）用废弃的羊毛、大麻、亚麻和竹子制成材料，完成循环。此处的纽扣是由土豆残渣制成的（Parblex，见第69页）。

循环领导者

要想成功地转向循环时尚模式，首先要重新改变领导层，让他们遵循新的社会、环境和经济原则。建立由生产制造行业各层次的人、组织机构内外相关人员以及全球各行各业的人组成的新的群体。也需要领导者重新塑造新的思维方式。

目标驱动型领导者十分了解为他们工作的人，知道他们的技能所在，以及工作的驱动力是什么。他们较少关注产品的数量，更关心这些产品是用什么生产的。

作为一个行业革新的领导者，必须培养团队的核心成员建立循环的思维模式，这种新的思维模式背后的驱动力是人文意识和对地球的真正关注。

> 思考：
> 我们如何改变观念，使我们都能过上可持续的生活，让这个星球上的生命得以延续？

循环领导者：
戴姆·艾伦·麦克阿瑟（DAME ELLEN MACARTHUR）

2005年，戴姆·艾伦·麦克阿瑟成为帆船运动史上的佼佼者，一名环球航行速度最快的单人水手。她是英国有史以来最有名的海上赛车手，赢得了奥斯塔（Ostar）和杜鲁姆航线（Route du Rhum）比赛，并在法国旺底不靠岸单人环球航海赛（Vendée Globe）上获得了第二名。2008年，她接受了法国总统尼古拉·萨科齐（nicolas sarkozy）的法国荣誉军团勋章；三年前，她被伊丽莎白二世授予女爵士称号。

由于敏锐地意识到线性经济所依赖的资源的有限性，她从职业帆船运动中退役，于2010年创立了埃伦·麦克阿瑟基金会。该基金会致力于加速向循环经济的过渡，并将这一主题提上了全世界决策者的议事日程。自

2012年发布第一份经济报告以来，基金会已经启动了有关塑料和纺织品的全球倡议，与教育工作者、企业和政府建立了创新网络，并发布了近20份的报告和著作。戴姆·艾伦是世界经济论坛环境与自然资源安全的全球议程受托人，也是循环经济平台的成员。她在2012~2014年担任了欧盟委员会的资源效率平台成员。

"制造时尚循环"倡议联合了艾伦·麦克阿瑟基金会与时装生产商、设计师和品牌商，提出为了"创造一种为公民、环境和企业带来利益的系统"[20]，要遵循以下三个主要原则：

保持衣服有效利用的商业模式；
可再生和安全的材料；
将旧衣服变成新衣服的解决方案。

第2章
设计思维与反思

向循环时装设计过渡是21世纪最大的挑战之一。尽管许多品牌已经将循环设计视为长期战略的重要组成部分，但仍有许多工作要做。对于设计师而言，这意味着要重新看待传统的方法，寻找新的循环方法，分享循环设计实践经验。

传统设计思想

时装设计师将个人知识、灵感和设计理论，结合流行趋势预测、贸易报告和市场分析研究报告，创造出的一系列季节性服装和配饰，被称为"时装系列"。传统上，这些时装系列分为四个系列：春夏系列，秋冬系列，度假系列（也称为"游轮"系列）和早秋系列。最重要的两个时尚系列是春夏季节和秋冬季节。春夏系列1月份出样，直到6月份才开始售卖；而秋冬系列7月份完成，到12月份开始售卖。

每个季节的时装系列都会被新系列所取代。每半年一次的时装周会发布一个季节的流行趋势，在这个季节来临的前几个月固定举行（春夏是9月，秋冬是2月）。这些时装周通常是在纽约、伦敦、米兰和巴黎举行，不过，鉴于新型冠状病毒肺炎COVID-19的出现以及越来越多的人批评这种破坏环境的做法，需要重新评估时装周这种模式。

大众和媒体在T台秀上看到的新款，通常会在六个月后才上市。这给了时尚杂志编辑足够的时间来编辑时尚内容，也让零售商可以充分考虑是否订货。

随着更快速的时尚周期的到来，消费者对传统服装的漫长交货时间越来越不耐烦，甚至在奢侈品市场也希望"现在买，现在穿"。为了满足这一需求，设计师们忽略了传统的四季时装系列，转而选择了无季节的款式，"投放"胶囊系列，甚至只是出几件新品，以防客户流失。

从历史上看，时装设计师是时代的影响者。时尚的流行遵循滴流理论：即一种风格要成为真正的时尚，必须首先被上层社会的人们所接受。这些新款式总是被名人、皇室成员和社交名流最先穿着，随后逐渐被社会经济地位较低的群体所接受。最终，随着这些款式越来越流行，富人们开始淘汰它们，取而代之的是每一季生产的新款式。

自互联网的诞生和社交媒体的迅猛发展以来，服装设计理论发生了前所未有的转变。如今，时尚影响着Instagram和其他社交媒体平台上的潮流传播者们。新的时尚潮流趋势在T台上一出现，就几乎立即被各个社会经济阶层的消费者所接受。从可持续发展的角度来看，加上固有的过时现象，加速服装的上市周期已成为市场的普遍现象。

数据显示，目前时装行业的行为对环境的发展造成很多负面影响。

在这些数据的推动下，一场极具思想性的设计实践备受关注。像维维安·韦斯特伍德（Vivienne Westwood）和斯特拉·麦卡特尼（Stella McCartney）这样的激进主义时装设计

师，提出了不同的观点，进行点对点对话，并预测未来可能面临的挑战，可能会改变时装设计流程或时装设计的含义。㉑

设计思维

引入复杂的可持续和循环的过程、道德原则和思维方式，并不是件简单的事情。但是，有些方法可以帮助设计师摆脱传统的设计思维而走向创新。

设计思维是指可以帮助创造性解决问题的各种过程。如下例所示，设计思维的关键是提出不同的问题来重新构思设计。

设计思维：以人为本的创新方法，从设计师的工具箱中汲取灵感，将人的需求、技术的可能性和商业成功的要求进行整合。

—— 蒂姆·布朗（Tim Brown），ideou.com网站IDEO的首席执行官

举个例子，剪刀是裁剪服装最重要的工具之一。用错剪刀会损坏布料，使制衣工作变得困难。如果要设计一把好用的剪布的剪刀，你可能会立即想到改进连接两个金属刀片的手柄的舒适度。但如果让你简单地设计一种更好的裁剪织物的方法，可以使用一种更紧凑的单刀片，或者一种更通用的旋转刀片，不仅可以剪裁织物，还可以切比萨。传统的解决方法是从头脑中已有的解决方法开始，而设计思维则关注问题本身。

正如颇具影响力的全球设计公司IDEO创始人大卫·凯利（David Kelley）所说，设计思维并非线性路径，"它是一个巨大的循环过程，会回到不同的地方"。㉒为了说明这一点，让我们来看看处于可持续设计前沿的设计师的思维过程。斯特拉·麦卡特尼是终生素食主义者，她不想在自己的奢侈品牌中使用动物皮毛等作为原材料，因此她思考使用什么环保替代品才能获得同样奢华的外观。当她的品牌于2001年以不使用动物纺织元素为主旨推出时，在时装界几乎无人知晓。然而，使用环保替代品是明智的设计思维。

设计思维的原则

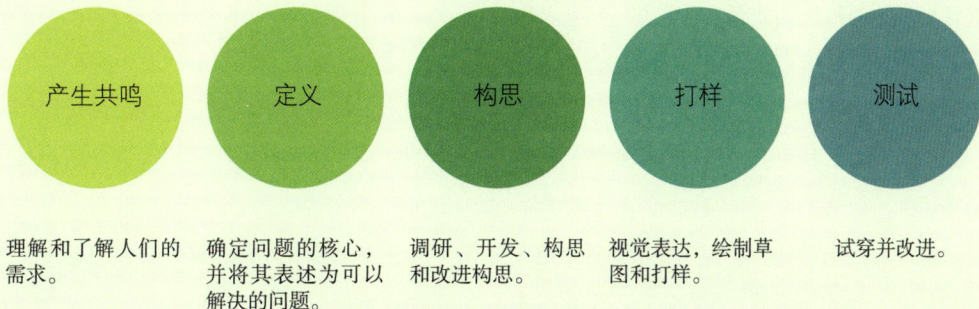

产生共鸣	定义	构思	打样	测试
理解和了解人们的需求。	确定问题的核心，并将其表述为可以解决的问题。	调研、开发、构思和改进构思。	视觉表达，绘制草图和打样。	试穿并改进。

循环领导者：斯特拉·麦卡特尼

斯特拉·麦卡特尼在英国乡村的有机农场长大，她热爱自然，这为她成为一名成功的可持续时装设计师奠定了基础。

麦卡特尼在很小的时候就对服装设计产生了兴趣。13岁时，她自己做了一件夹克，点燃了对设计的激情，后来考上了伦敦著名的艺术与设计学院。1995年毕业后，她将自己的所有毕业作品集卖给了颇具影响力的伦敦时尚精品店Tokio。1997年，麦卡特尼接替卡尔·拉格斐（Karl Lagerfeld）担任法国时装公司蔻依（Chloé）的创意总监。2001年，她创立了自己的同名品牌。

斯特拉·麦卡特尼在成为时尚设计师之前就致力于推广服装设计的可持续性。她是一个终身素食主义者，她喜欢动物，从不在服装系列中使用动物皮毛，并开发了毛皮的新型替代品。麦卡特尼还是"可持续服装联盟"的成员，建立了以科学为基础的环境目标组织，例如，减少温室气体排放并消除纺织、制鞋和服装行业中的有害化学物质等。自2004年以来，她与阿迪达斯合作推出了以环保材料和可持续鞋类为主的高科技运动服饰，如素食主义系列斯坦·史密斯（Stan Smith）运动鞋。

斯特拉·麦卡特尼在英国的所有办公室和商店都使用风能发电，并有回收系统。作为时装界的一股清流，麦卡特尼创造奢华服装的同时，对自己使用的资源及其对环境和所有生物产生的影响，都有一种与生俱来的责任感。

麦卡特尼用设计思维确定了最终解决方案，诠释其品牌核心原则。主要有以下几个关键点：

1. **共鸣**：共鸣是所有以人为本的设计的核心。作为设计师，你要解决的问题通常是某一特定群体的问题。通过观察或直接接触才能了解设计对象的需求，以及这些需求的意义。

   斯特拉·麦卡特尼公司坚持环保理念，并培养消费者的价值观。在可持续性方面与她的核心客户群能产生共鸣，她的素食主义系列不使用任何以动物为基础的纺织品，包括皮革、毛皮、皮肤和羽毛。

2. **定义**：通过分析在了解需求阶段获得的信息，识别问题。这时，以消费者为中心，提出有意义且可行的问题或要解决的问题。

   麦卡特尼定义了要解决的问题："对于动物，无论你是穿着还是食用它们，都对地球造成了极大的破坏。每年有超过10亿种动物作为食物被猎杀，其中甚至一半都没有被食用。而且有超过5000万种动物是因为时装产业而被杀死的。"[23] 有了这些知识，她提出这样一个问题："还有什么可以选择？"

2019年，米兰，斯特拉·麦卡特尼2020春夏发布会（Resort）上的无毛皮草。

3. **构思**：这是一个从识别问题到找到解决方案，再到想象设计的过渡阶段。在此阶段你可能会产生"打破常规"或"走得更远"的想法，那么说明你在寻找解决问题的替代方法。

　　麦卡特尼一直致力于寻找替代的解决方案，并引入可持续材料，为整个时装行业带来变革；从"无皮皮革"到"无毛皮草"和再生海洋塑料，以及与生物纺织制造公司Bolt

Threads合作的创新酵母丝。

4. **打样**：这个阶段的目的是确定一个解决方案。共享一些便宜的、缩小版本的产品或测试产品的特定功能，然后采用、改进或放弃。

　　例如，麦卡特尼决定尝试在她的系列中使用皮草的替代品："在我们的设计中使用人造皮草的决定并没有经过太多的讨论，最终，我们决定使用一种具有豪华感的人造皮草来替代真正的动物毛皮，我们证明了不伤害动物也可以制造时尚产品。"[24]

5. **测试**：这是一个向设计师或产品用户征求反馈的机会。有时它意味着重新设计，有时会产生意想不到的结果。

　　麦卡特尼使用人造毛皮也征求了客户的反馈意见，"我一直在纠结一个问题，现代的人造皮草看起来很像真的，因此很少有人能分辨出皮草的真假。但最近我在与年轻女性交谈的过程中发现，她们其实并不想要真皮。因此，我觉得也许事态已经发生了变化，我们可以制造看起来像毛皮的面料"。[25]

　　消费者是设计思维从始至终的核心。如果以自然为核心，你会如何利用自然进行设计？例如，像对待人类或动物一样理解自然，利用自然来定义问题，从自然界中寻找灵感，用技术对自然进行原型设计，并根据大自然的可能性进行测试来提供解决方案。

　　设计思维方法的美妙之处在于，它使每个人都有机会参与到这个过程中，并且看到组织内外循环计划的全貌。设计思维有助于将焦点从产品拓展到物质流、生产过程、生产条件，以及使用和再利用的各个方面，同时还可以更好地理解人文和生态学。

循环时尚设计注意事项

通过想象、设计安全健康的新产品和创新产品，循环时尚设计能赋予时尚界非凡的创造力和神奇的魔力。这就意味着要重新认真思考这项工作。

设计的生命

以耐穿性为设计目的服装设计重点是延长服装的寿命，降低更换频率。在一次性时尚的时代，大多数消费者是因为衣服不再流行了而丢弃。不过时的服装款式，能够经受住季节和潮流的考验，可以更长时间的吸引消费者。

设计师创造持久的东西，需要时间、情感和技巧。

慢设计

"慢设计"是一种理念，设计师以正确的时间和速度开发项目，他们可以仔细地反复地思考自己的行为。在设计目的上，既关乎技巧，又关乎材料的选择和思考。

位于阿姆斯特丹的慢速研究实验室（Slow Research Lab），他们的慢设计有六项原则：

1. **揭示**：揭示日常生活中经常被忽略或遗忘的经历，包括在艺术品的创造中容易被忽视的材料和过程。

2. **扩展**：人工制品及其环境真实、潜在的"表达"超出了它们的感知功能、物理属性和寿命，这些都要考虑到。

3. **反思**：人工制品/环境/经验引起人们的深思，被称为"反思性消费"。

在伦敦的科文特花园博柏利（Burberry）品牌橱窗展出了标志性风衣的变化。

4. **协作**：建立在共享、合作和信息公开基础上的开源和协作，使设计可以发展得更长久。

5. **参与**：鼓励用户积极参与设计过程，体会乐趣、交流想法，以促进社会责任感和增强参与性。

6. **超越**：随着时间的推移，成熟的工件、环境和系统可以产生更丰富的体验，因此，要超越当前的需求和环境。[26]

慢时尚：用当地采购的或公平交易的材料制成的，持续时间较长的服装的术语。

—— 麦克米伦词典

用缓慢的设计方法设计时装，就是要制造出消费者喜欢并愿意保留的服装，因为这样设计出来的服装内在的品质好，具有持久意义和价值。慢时尚设计旨在建立服装的使用寿命、使用者与服装之间的终身关系。

设计的耐久性

在英国，将衣服的使用寿命延长9个月，可以减少20%~30%的碳、水的使用和废物的排放，可以减少20%或50亿英镑（65亿美元）的资源成本[27]。为了节省这些费用，我们需要更耐穿的衣服。服装的耐用性可通过服装为用户提供功能服务的持续时间，用户对服装的情感依附程度等有意义的设计来衡量。一件耐穿的服装，兼具功能耐用性和情感持久性。

功能耐用性

质量是服装设计的基础，质量不好的服装，实际价值和耐用性就会降低。耐用性设计的重点是服装的构造、材料的选择和制造工艺。

真正耐用的服装是设计师将正确的颜色、材料、装饰和产品特征与特定的用途或活动范围相匹配的结果。例如，事实证明托马斯·博柏利（Thomas Burberry）选择的防水防风的华达呢面料不论对一战期间战壕中士兵的保护，还是当今的时尚消费者都至关重要。

简单、正确、细致的服装护理说明也可以帮助使用者延长服装的寿命。

情感持久性

消费者与服装之间的情感关联在持久性设计中也很重要。一件衣服的舒适性、合身性和穿着方式决定了它是被消费者丢弃，还是保存或精心护理。英国男装设计师汤姆·克里德兰（Tom Cridland）采取了一种特殊的方法使该品牌经典奢华的运动衫和T恤衫不缩水，并提供30年的质保。如果衣服缩水或需要维护，将免费更换或护理。[28]设计师的这一承诺向消费者传达了这是一件需要长期护理的物品，而不是可以随便丢弃的物品。

设计中的可修复性

侘寂（wabi-sabi）是起源于日本的一种生活方式，它专注在不完美的生活中寻找美，平静地接受自然的生长和衰退。因此，侘寂的服装设计方法就是考虑如何在自然磨损后修复衣服，以及通过修复赋予服装残缺之美或让它获得新的生命。

左图：日本明治时期（1868~1912）的次子绣（Sashiko）外套，用白色棉线在靛蓝染色的平纹棉布上刺绣制成。

右图：日本东京国安（KUON）的Boro拼布夹克。

侘寂（Wabi-sabi）：一种日本的审美概念，在短暂和不完美中寻找美感。

—— 麦克米伦词典

Boro：日语，一种经过反复修补的纺织品或服装。

—— 苏珊·布朗（Susan Brown）和玛蒂尔达（Matilda McQuaid）[29]

19世纪末，日本农村地区的人们精通修补技术，他们的Boro拼布服装采用sashiko线缝制而成。Sashiko译为"刺子绣"，指构成这种工艺的几何图案的平针针脚。Boro意思是"衣衫褴褛"或"破烂不堪"，它的出现是因为经济不景气，农民希望延长服装的寿命。

如今，"修补"风气在社会中越来越流行，有一些免费的聚会场所成为专门的"修补咖啡厅"，用于修理或修补各种衣物，包括服装和纺织品。这样的修补工作有两个好处：如果一件旧毛衣被修补好了，不仅意味着该毛衣可以从垃圾掩埋场中拯救出来，还意味着不需要再去购买新的。

可修复性设计是指识别服装的主要特征，这些特征可能是由于磨损而需要修复或更换。商家可以提供一个易于使用的维修包，里面有维修指南和拉链、拉链头、线、纱、补丁和扣子等。

对于用户来说，延长产品的寿命这项工作应该尽可能简单。户外生活品牌帝国运动（Imperial Motion）销售的服装和背包由一种称为"纳米固化技术"的轻质防水尼龙（Nano-Cure Tech）制成，一旦发生撕裂时，将涂层的边缘放在一起按压，用手指的热量就可修复布料。

英国贸易委员会（Board of Trade, UK）于1944年发布的海报，鼓励人们节俭。

进行可视化修补

汤姆·范德伊宁（Tom van Deijnen），即"荷兰的汤姆"，是一位自学成才的纺织行业从业者，住在英国的布赖顿。2012年，他推出了可视化修补计划，提供修补的创意和技艺，探索服装及其穿着者背后的故事。他希望通过这种方式，鼓励人们可持久地穿着现有的服装。范德伊宁说："我不喜欢新的和完美的，而是喜欢旧的和不完美的，这能够拉近服装和穿着者之间的关系。我对使用传统技术织造和修补（羊毛）纺织品很感兴趣，织造和修补纺织品是不断相互交流的。"[30]

设计中的生物可降解性

生物可降解性是指材料被生物体分解并随时间腐烂的能力。生物可降解性的设计是指选择能够自然分解的材料，经过一个生物循环后可以回归自然。织物的生物降解性很大程度上取决于材料生命周期中使用的化学物质的数量。有机纤维和天然植物染料是最有效的可降解性材料。

例如，快时尚品牌 C＆A 推出了世界上第一款通过 C2C（Cradle to Cradle）黄金级认证的牛仔裤。研发这条牛仔裤用了一年多的时间，采用有机棉，从植物废料中提取染料染色而成。现在 C＆A 为其他服装品牌生产类似可持续的牛仔服装提供支持。

非物质化的设计

非物质化是指减少或消除产品制造过程中使用的材料数量。从历史上看，由于军服生产的优先性，战争时期设计师在生产民用服装的材料和辅料数量上受到限制。在第二次世界大战期间，美国战争生产委员会（WPB）发布了一项命令，减少女装生产中使用的纺织品数量，禁止采用褶皱、荷叶边、贴袋、连帽和披肩，长裙和长袖。裙子的长度和裤子的宽度也受到限制，甚至连家庭缝制模式也要遵循美国战争生产委员会的规定。[31]

非物质化的设计意味着要充分重视材料的价值，避免浪费。设计意图侧重于通过资源利用效率和设计实践中的技术创新来减少浪费。

资源利用效率是指以可持续的方式使用地球上有限的资源，同时尽量减少对环境的影响。

—— 欧盟委员会

零浪费设计

零浪费是指在设计的一开始就消除纺织品浪费。一些最简单的设计本身就是零浪费，例如日本和服。传统和服是由一种叫作 tanmono 的单一织物制成的。整个织物由四个主要部分组成：两个宽大的身片，两个较窄的袖片和衣领薄条。

零浪费：通过有效地生产、消费、再利用和回收产品、包装和材料来节约所有资源。

—— 零浪费国际联盟，zwia.org 网站

将制作零浪费图案的过程想象成一个拼图游戏，将各碎片排列在一起，以确保在裁剪阶段不会浪费任何织物。2016年，米兰达·贝内特工作室（Miranda Bennett Studio）发起了 MBS 零浪费倡议，该倡议收集并整理裁剪剩余的面料。这些剩余面料随后又成为新产品的原材料，用于制作配饰、儿童服装、家居用品。任何不能再利用的纺织品都将捐赠给当地的被子协会或慈善事业。

可穿戴技术

生物未来（Bio Couture）是一个创新者社区，利用微生物（如真菌、藻类、细菌和纤维素）中可堆肥和可生物降解的材料来制作服

来自得克萨斯州奥斯丁的米
兰达·班纳特（Miranda
Bennett）工作室的可生物
降解的植物染色连衣裙。

装。2014年，设计师苏珊·李（Suzanne Lee）用细菌纤维素（一种与皮革性质相似的材料）制作了夹克和鞋子。[32]

数字服装是可穿戴技术的另一个方面，融合了时装设计和科学技术，服装只以虚拟方式设计和存在。2019年，第一件数字服装由位于阿姆斯特丹的虚拟时装公司法布里坎特（Fabricant）设计，并以9500美元的中标价格拍卖。[33]3D时装的理念是，通过让消费者在社交媒体上以虚拟方式表达自己的服装理念，减少他们购买实体服装。

斯堪的纳维亚时尚品牌卡林（Carlings）的设计初衷是让消费者更容易接受数字时装。他们所有的系列都只提供3D虚拟模型，适合任何体型。该品牌的"虚拟裁缝"会处理客户的照片，使他们看起来好像在试衣服一样，再

为顾客量身定制。通过这种方式进行数字化设计，无须服装实物原型，简化了传统的制造、物流和运输供应链流程，从而减少碳排放。

废物的再设计：升级再造/回收利用

升级再造是指用旧的或使用过的物品或废料制造家具、物品或衣服，创造出比原来品质更高或附加值更大的产品。回收利用是指收集旧的纸、玻璃、塑料和纺织品，并将其转化为可重复使用的材料。

回收利用：收集和处理用过的废弃的物品和材料，以生产可再次使用的材料。
—— 剑桥词典

主张零浪费理念的丹尼尔摆出多余的废布料，他把这些布料变成了独一无二的衣服。

大公司生产服装时，消费前的纺织品废料常常会留在工厂的地板上，比如裁剪面料时。这些废料收集起来，回收再出售。设计师可以在大的残余织物中通过巧妙的设计（升级改造）创造出新的图案。

主张零浪费的设计师丹尼尔摆出多余的废布料，他把这些布料变成了独一无二的衣服。

可以将较小的边角料切成长条，手工编织成新的织物，或纺成新的纱线，或织成衣服（回收利用）。纽约设计师丹尼尔·西尔弗斯坦（Daniel Silverstein），人称"零浪费丹尼尔"，他将零浪费设计、循环回收利用的技巧有效结合，创造出独特的街头服饰。他把其他设计师或服装部门和工厂通常扔掉的织物拼贴在一起，制作T恤、运动衫和裤子。

升级改造：将废弃物品或材料重新利用以制造比原来更高质量或价值的产品。
—— 牛津字典

来自布里克斯顿的服装和纺织品设计师伊莎贝尔·弗莱彻（Isabel Fletcher）从服装制造商那里收集了很多布料碎片和修剪过的线，并从中寻找灵感。每一件定制服装都是她大量实验的结果。在这些实验中，她结合了零浪费图案裁剪、拼贴、刺绣、手工缝纫、绗缝和贴花等技术。红头发的女人（La Femme Rousse）是丹麦循环时尚定制品牌，具有相似的理念。他们的目标都是消除或尽量减少纯天然材料的使用。设计师苏珊·古尔达格

品牌红头发的女人的"循环衬衫"由废弃的织物制成，由哥本哈根的设计师苏珊·古尔达格制作。

由设计师维拉·德·庞特
（Vera de Pont）设计的结
构型外套，可拆卸，具有多
功能性。

*左右图：因为含有可溶解的
线，Resortecs·的飞行员夹克可以在五分
钟内拆卸完毕。*

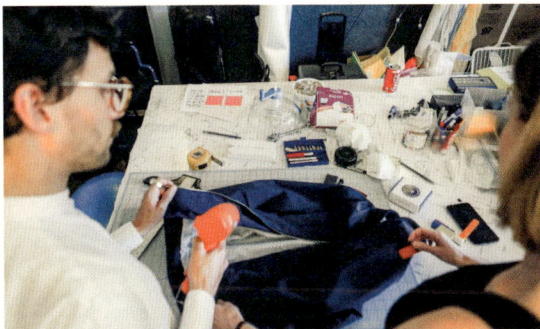

（Susanne Guldager）专注于研究如何赋予原本的设计材料新生命。例如，去除废弃织物上的污渍和磨损，留下有价值的、可用的材料。在我们对时尚产品的制造方式有不同看法的时候，品牌红头发的女人与一家叫作Sylab的实验性缝纫工作室合作，在当地生产时装系列，该工作室通过使用缝纫机器人、优化生产工艺，帮助设计师减少对环境的影响。

可拆卸设计

可拆卸设计的灵感来自可持续建筑。这是"从摇篮到摇篮认证"积极建立的六项核心原则之一，建筑物和产品的设计都是为了材料回收、保值和再次使用。要进行拆卸设计，材料、产品和部件必须易于分离，在无损坏的情况下易于重新组装，这样它们才可以被回收，保留价值，然后进行有意义的循环使用。拆卸设计有三个重要原则：

1. **仔细选择和使用材料**：查看一下你现在正在穿着的服装的标签，服装面料很有可能由不同的纤维混合而成，通常是棉和聚酯纤维的混合。在设计可拆卸的材料时，建议使用单一的纤维材料，即由一种纤维组成的材料，因为这些材料易于回收。

2. **组件和产品的健康安全设计**：应避免使用可能对环境有害的有毒染料、胶水或成品。

3. **扣紧材料（拉链、纽扣等）的简单选择和使用**：任何金属制品、装饰品或缝纫用品都应易于拆卸，以便回收和再利用。这些环节通常必须手动完成，为了加快这个过程，比利时的Resortecs®公司发明了一种聚酯纤维制成的线，用加热枪加热就会溶解。

荷兰原型设计师和研究员维拉·德·庞特（Vera de Pont）进行实验之后找到了减少材料浪费的方法。她的立体弹出式服装（Pop Up Clothing），从单块布料上剪出服装，消费者无需缝纫就可以组装。在德·庞特的模块化系列中，3D打印的纽扣易于组装和拆卸，便于消费者变换服装造型。

> 思考：
> 考虑如何设计可拆卸的服装。首先确定产品的每个部件（材料、纽扣、饰件、衬里等），然后考虑如何重新使用或回收每个部件。

案例研究#1：创造

菲利帕·K（Filippa K）：
一次性的裙子（扔掉衣服）

菲利帕·纳特森（Filippa Knutsson）和帕特里克·基尔博格（Patrik Kihlborg）于1993年在瑞典斯德哥尔摩聚餐时一拍即合，创立了品牌菲利帕·K。受到自身服装需求的启发，菲利帕希望创建一个品牌，通过提供简约、优质的服装款式来迎合现代男女的真实生活和面临的生活挑战。现在，菲利帕·K已成为斯堪的纳维亚半岛领先的时尚品牌，拥有自己的电子商务网站和数十家品牌店铺。

品牌菲利帕·K致力于四个R：减少、维修、再利用和回收，并正在逐步转变业务及其产品系列，以便在2030年之前实现完全循环。2018年，该公司测试了一种"循环快速时尚"的设计方法，创造了100%基于生物和可生物降解的短寿命概念连衣裙：一次性连衣裙（如图所示），穿几次后就可以直接扔进家庭肥料箱。

以这种方式进行生物降解性的设计，首先要选择在合理的时间内可自然分解、能丰富土壤的材料。菲利帕·K团队采用非织造的Tencel™材料，与一家回收公司合作，以保证完全可回收性。这种面料具有很多优点，正如菲利帕·K的面料和装饰经理乔迪·埃弗丁（Jodi Everding）在该品牌2018年可持续发展报告中所阐述的那样："与传统面料的织造工艺不同，这种材料消耗的水和能量很少。它也是可生物降解的。其闪光点在于将一种非织造的工业材料转变成别致的、可穿戴的服装。"

设计师埃米利娅·卡斯尔斯（Emilia Castles）发现，先绘制草图再裁剪和缝制织物的传统方法无法达到最佳效果；必须让面料决定设计。为此，埃米利娅用熨斗和熨衣机熨烫面料，使其如丝绸般顺滑，更易于成型和制作。

为了给衣服染色，他们与HearteartH生产公司合作建立了一个实验室，利用瑞典果蔬供应商Grönsakshallen sorunda和杂货商Axfood提供的天然食物废料开发新型工艺。这种方法让团队眼前一亮，因为他们不再局限于传统化学洗涤的效果。现在，该团队可以随意尝试几种应用方法和技术，例如水彩画、海绵画和羽毛笔画。这些都是由Tencel™材料的变化、可用的食物废料"菜单"，以及一定量的反复试验所决定的。使用甜菜、芥末、黑莓、姜黄和鳄梨浸染，创造出最佳的自然染色效果。

讨论问题

1. 使用非织造的Tencel™材料的优点和缺点是什么？
2. 用食物残渣染色与常规染色方法有什么不同？
3. 你认为一次性生物可降解服装能否成为未来的快速时尚？
4. 设计概念服装如何帮助菲利帕·K创造未来的循环产品线？

QWSTION团队正在检验由
abacá纤维制成的
Bananatex®织物。

第二部分

制造

第3章
材料

选择不同的材料对时尚品牌的社会和生态环境具有重要的影响。从各个细分市场来看，原材料的选择决定了一个服装厂多达三分之二的水、排放物、能源和土地使用量。[34] 减少现有材料对环境的负面影响，应选择资源密集程度较低、更易回收的材料，或投资开发新纤维，都有助于实现循环。

全球资源利用

中国、巴西和印度等发展中国家正快速进行着工业化发展。到2050年，世界人口总数将超过97亿。据预测，未来几十年，全球中产阶级将大幅增加。因此，我们可以预期，对服装和其他可以用来界定中等收入生活方式的商品的需求将会增加。假设消费模式以目前的形式继续下去，到2050年，我们需要的自然资源将是2000年的3倍。

世界上每种产品的基本成分都来自自然资源，无论是空气、水、土地、自然化学物质，还是能源。自然资源是在没有人类干预的情况下产生的材料或物质。这些资源对我们及其他

到2050年，资源消耗将增加两倍

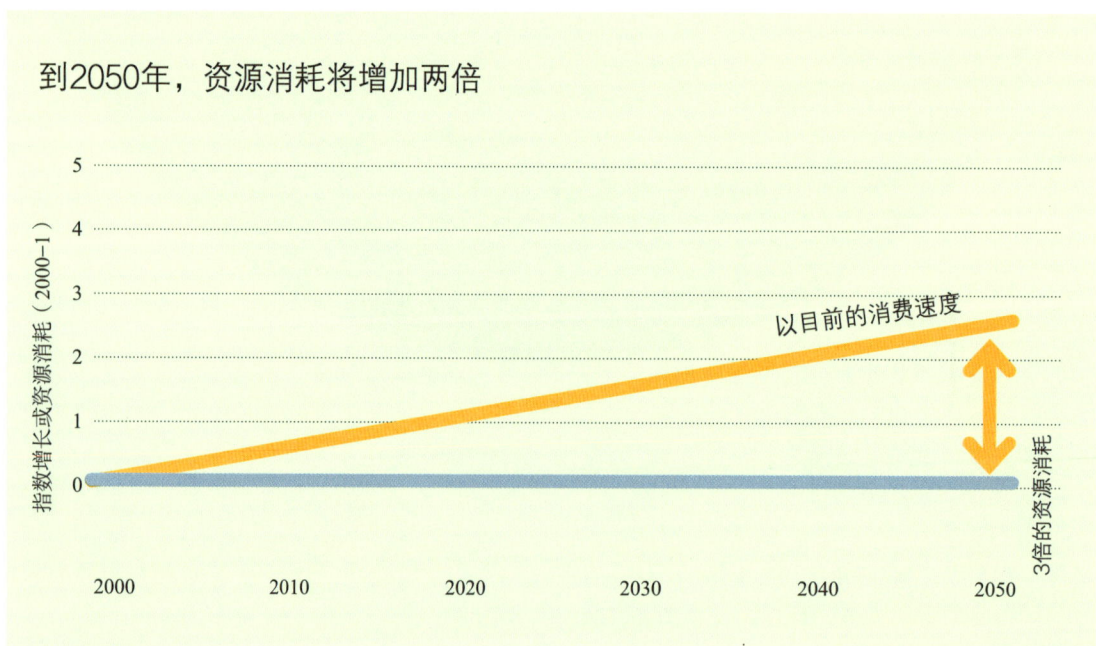

以目前的消费速度

指数增长或资源消耗（2000=1）

3倍的资源消耗

2000　2010　2020　2030　2040　2050

Source：OECD; Fischer-Kowalski et al. 2011.

环球生态足迹：今天，我们需要相当于
1.7个地球的资源来满足我们的日常需求
和吸收我们产生的垃圾。

—— 2019环球足迹网络

所有生物的生存都是必不缺少的。然而，随着人口和消费的增长，大量不可持续产生的自然资源被开采。

几十年来，动物、土地和水等资源一直是时尚产业线性供应链的核心。大量的自然资源在工业生产中被消耗，这意味着如果长期使用，它们最终会枯竭。例如，时装工业种植棉花和加工材料每年大约需要消耗920亿立方米的水，足够满足500万人的需求。[35]

当需要资源时，循环系统会进行明智的选择，并尽可能选择使用可再生资源的技术和工艺。服装使用的纤维和其他材料对环境的影响占比很大。因此，我们可以选择来自可再生资源的材料和使用可再生资源加工的材料，这是我们可以转向更可持续和循环替代品的关键领域。

循环周期

从自然法则出发，C2C模式可以识别物料在一个封闭循环中流动的两个循环：生物循环和技术循环。该模式中提出的生产、使用和处理材料的技术（工业）循环模仿了生态系统的生物（自然）循环过程。就像一个有机体的废物可为自然界其他生物提供营养一样，物质也可以循环并为工业提供养分。

再生资源能够被生态实践产生的替代物或完善的管理所取代。 ——韦氏词典	不可再生资源一经使用，不能被替换或补充。 ——韦氏词典
淡水	塑料
太阳能	汽油和柴油
生物能	煤炭
氧气	天然气

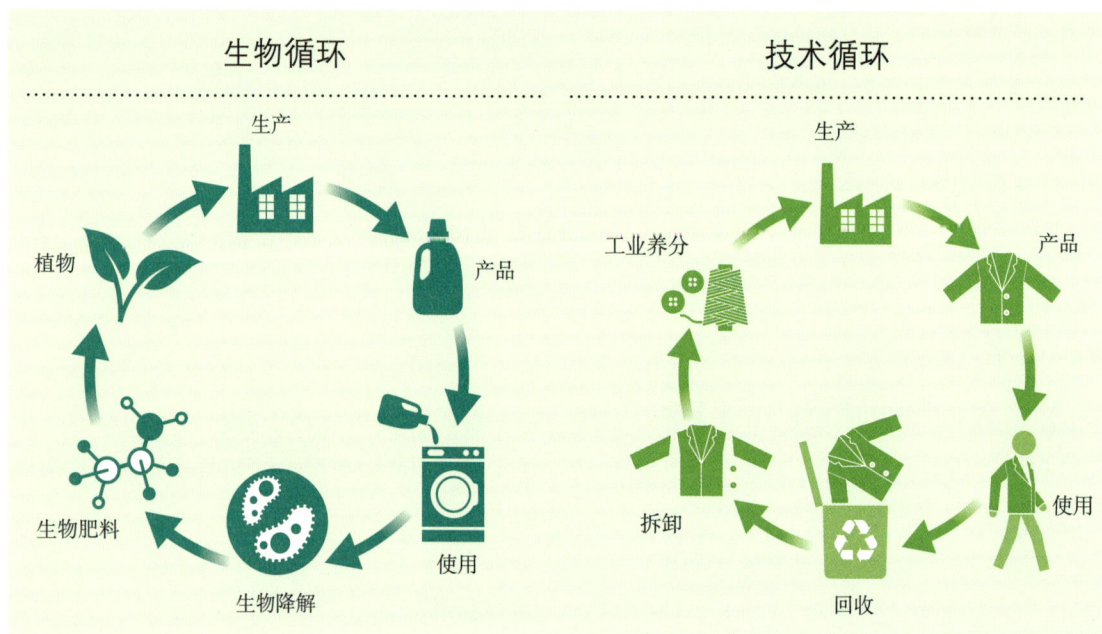

生物循环

生产
产品
使用
生物降解
生物肥料
植物

技术循环

生产
产品
使用
回收
拆卸
工业养分

生物循环：恢复和再生

设计可降解和可再生的材料，对于设计师来说是一个很好的选择。这些材料使用后可以安全地返回自然界。生物循环使诸如土壤之类的生命系统再生，为经济社会提供可再生资源。适合生物循环的材料是那些在使用阶段或使用之后可以返回到环境中的材料。一般来说，大多数织物最终都会被生物降解，无论是天然纤维还是人造纤维、合成纤维。然而，织物分解所需的时间，以及分解过程中对环境的破坏程度，因纤维的成分不同而不同。

可生物降解：能自然降解且对环境
无害。
——剑桥英语词典

与合成材料或新型材料相比，天然材料遵

循不同且独特的再利用过程。生物循环可以更新和恢复土壤等生命系统，提供有经济价值的资源。由棉花、丝绸、大麻、亚麻等植物和一些动物（羊毛）制成的可生物降解材料，可以被吸收，通过再生的方式在生态系统中恢复。这些材料不能含任何有毒化学物质，这样才能在土壤中自然腐烂。因此，作为一名服装设计师，在设计纺织材料，或为设计的服装和开发的产品采购材料时，了解产品和材料使用后的最终去向是很重要的。材料的消耗只能发生在生物循环中，以生物为基础的天然材料被设计为通过再生和对环境友好的生产过程反馈到循环系统中。

理论上，合成纤维是可以被生物降解的。然而降解起来需要更长的时间。由于含有大量的化学物质，它们向环境中排放温室气体，如甲烷。

通常，在制造过程中使用的化学物质

越多，织物的降解时间就越长。例如，一件100%聚酯纤维的衬衫需要20年的时间才能在生态系统中分解；而一些合成纤维，比如塑料，可能需要1000年的时间！

技术循环：回收和恢复

适合技术循环的材料是不能被生物系统消耗或以其他方式处理的材料。如尼龙、聚酯纤维、塑料和金属等不可再生的合成材料，是不可被生物降解的，因为它们不能被生态系统吸收。然而，它们可以是一个闭环系统的一部分，并在生产、回收和再制造的永久循环中循环。

不可生物降解的：不可生物降解的物质或化学物质，不能通过细菌的作用变成无害的自然状态，因而可能会破坏环境。

—— 牛津学习词典

重要的是，这些不可生物降解的材料必须加以妥善处理，以免被扔进垃圾填埋场，占用宝贵的土地，并释放有害气体。技术循环通过再利用、修复、再制造或回收等方式来重新利用这些材料。[36]

重复使用

当一件衣服被重复使用时，它会被重新使用而不是扔掉。例如，服装租赁服务允许消费者有偿借用和穿着衣服。

修复

有些服装被送回公司进行修复或重新出售，例如旧衣服和古着。服装回收计划鼓励品牌和零售商对所有产品的整个生命周期负责，并鼓励消费者在使用后将他们的衣服捐赠回品牌。

再造

废弃的服装、面料废料、装饰和配件可以在生产过程中再次使用，创造新产品。

再利用：从莉娜时尚图书馆（LENA Fashion Library）订购租借的衣服。

回收

品牌可以将产品回收并用于其他领域。例如，耐克（Nike）将旧的或破损的运动鞋改造成Nike Grind，一种用于建造球场、跑道、场地和运动场的材料。

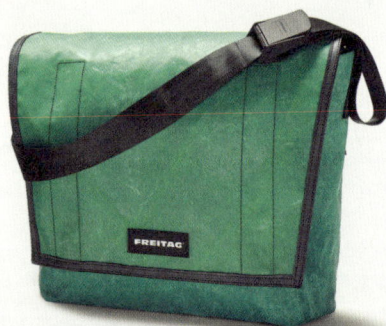

右图： 再制造，弗莱塔格（Freitag）邮差包由旧卡车防水布、汽车安全带和自行车内胎制成。

上图： 修复，来自巴塔哥尼亚的旅行修复卡车。

循环和资源

每种纤维都有优缺点。随着设计师越来越多地触及循环设计，他们发现了传统资源的替代品。通过选择可生物降解的材料、有机材料、可回收材料或创新材料，并了解设计产品最适合的循环材料，设计师可以减少资源消耗，降低对环境的负面影响，如对土壤的污染、超细纤维脱落和生物多样性的损失。

有机纤维

有机纤维是生物循环的最佳材料，因为它们可以恢复和再生土壤，保护环境的健康。有机纺织品完全是根据严格的指导原则采用来自在有机农场种植的纤维。种植有机植物的农民遵循标准，在生产过程中关心土壤、动物和人，不使用有毒的杀虫剂、除草剂或杀菌剂。

有机含量标准和全球有机纺织品标准可以用来跟踪和验证有机生长材料。有机含量标准（OCS）会核实由认可的第三方提供的非食物产品中是否含有5%~100%的有机成分生长物质。

全球有机纺织品标准（GOTS）涵盖了整个纺织品供应链，要求原材料的有机成分含量不低于70%，也包括其余的非有机成分含量。如果一种纺织品通过了美国纺织品认证，那就意味着这种纤维的种植过程和织造过程都符合有机标准。例如，用含氧漂白剂代替氯漂白，并使用绿色环保染料染色，每个阶段都尽可能减少对环境的破坏。

你知晓的纤维	
可生物降解	不可生物降解
有机棉	聚氯乙烯
丝绸	聚酯
麻	氨纶
羊毛	尼龙
有机竹纤维	雷恩【粘胶】
黄麻	常规棉
苎麻	皮草
亚麻	皮革
有机织物	化学处理的织物
未经处理的织物	黏合剂、胶水、溶剂等

全球有机纺织品标准认证标志

回收的纱线

回收的纱线是由消费前废物制成的，即服装制造过程中的工业废料，是指在裁剪过程中产生的边角料（见第37~38页"废物的再设计"）。废料按颜色分类，再纺成纱线。通过减少原材料的使用和染色环节，节约能源和水，明显降低了对环境的影响。

新型材料

创新是循环时尚领域实现循环的关键驱动力。扩展性是可持续纺织品新技术主要攻破的难题。例如，如何生产皮革的替代品（见第63~65页）。

循环设计领导者需要发现新的可持续的原材料，减少资源消耗，利用现有的材料流，减少负面影响。随着自然资源日益稀缺以及人口和需求不断增长，循环设计在环境和经济方面的回报可能是巨大的。

天然材料

天然材料直接来源于自然，包括动物（如羊毛或毛皮）、昆虫（如丝绸）或植物（如棉花、大麻或黄麻）。为设计的产品选择正确的材料可以最大限度地延长其寿命，对循环有重要的意义。

动物纤维

我们通常不会把动物当作时尚产品，然而几个世纪以来，动物皮毛一直是人类服装的重要组成部分。用动物皮毛生产时尚服装和配饰，往往需要过度繁殖和养殖某种动物，产生有机和有毒废料，或过度使用资源。如今，有一些创新的、可持续材料可以用来替代动物皮毛。

动物皮毛

最初，人们猎杀或捕获动物以获取食物，而它们的毛皮被用作抵御严寒气候的防护服。随着社会和文明的发展，皮草不再是必需品，而是奢侈品。如今，毛皮贸易成为全球防寒服装商业贸易的重要组成部分。

动物的皮毛由两个部分组成：底毛，浓密的底毛可以保护底层皮毛和皮肤不受雨雪等天气的影响；被称为保护毛的长毛，可以调节动物体温。在冬季最寒冷的时候捕捉动物可获得最佳品质和颜色的毛皮，此时动物的毛发最长、最厚、最有光泽。在北极和北方地区的动物身上，可以找到最好的毛发。

据估计，近年来，每年有超过10亿只兔子和5000万只其他动物，包括狐狸、海豹、水貂和浣熊，被圈养或捕获，猎杀它们获取皮毛。根据善待动物组织（PETA）的说法，"用农场饲养的动物皮生产一件真毛皮大衣所需的能量大约是制作人造毛皮服装所需能量的15倍。由于毛皮要经过化学处理以防止其腐烂，所以也不能被生物降解。"[37]

*毛皮养殖：以商业方式饲养毛皮动物
以获得毛皮的行为或过程。*

—— 韦氏词典

值得庆幸的是，在2018年，英国时装理事会做出一项决定，伦敦时装周成为第一个在所有时装秀上禁止使用动物皮毛的国际时装周。几乎与此同时，普拉达（Prada）、博柏利（Burberry）、古驰（Gucci）和迈克尔·科尔斯（Michael Kors）等许多奢侈时尚品牌也承诺不再使用毛皮，这标志着时尚业界顶级品牌对保护动物权利的首次重大承诺。

面料的技术进步使得设计师可以用人造皮毛来创造奢华的美感。然而，人造毛皮不一定是最好的替代品，因为它们不能生物降解，通常由合成聚合纤维制成，如丙烯酸、改性丙烯酸/或聚酯，这些基本上都是塑料的成分。人造毛皮的底布和一些小纤维最终会流入海洋（见第136页）。

创新的无动物成分的循环/回收创新包括由回收牛仔裤重新制成的牛仔布、用大麻纤维制成的大麻织物和回收的塑料制成的纱线等（见第67页）。

皮革

皮革是时尚产品中应用最广泛的材料。它是一种通用材料，以其高拉伸强度、耐水性和美观性的纹理图案而颇受欢迎。皮革的柔软性与其厚度有关：薄皮一般用于手套、衬里和服装；中等厚度的皮用于鞋、手袋和配件；较厚的皮用于制造鞋底。

皮革工业依赖于动物，如牛、马、鹿和袋鼠。在时尚产业的奢侈品领域，对珍奇动物皮的需求也很高。2008~2017年，欧盟国家进口了超过630万张整皮和400多万张受保护的蛇、鳄鱼和蜥蜴皮。[38]

皮革可以用任何种类的动物皮制成。在将动物的皮转化成皮革时，赋予它们特定属性和功能的化学过程被称为"鞣制"。

鞣制有两种方法。最古老和最复杂的工艺是植物鞣法。植物鞣法是一种利用树皮或其他植物组织中的天然植物单宁的有机鞣法。在过去的二十年里，人们热衷于植物鞣，因为植物鞣的皮革光泽自然，并看起来很奢华。

铬鞣制发明于1858年，在工业革命期间采用，是一种快速的鞣制方法。它使用化学物质、酸和盐的溶液来染色。对皮革原料进行大量的化学处理，使材料失去了所有的自然和可持续的特性。铬鞣革有毒，不易生物降解。

人造皮革，也被称为塑料皮革、假皮或素皮革，在20世纪下半叶被逐渐引入，以模仿真皮。然而，像人造毛皮一样，它是由几种合成

*图：两名男子在伦敦伯蒙西的巴罗赫本和盖尔
格兰奇磨坊打包生皮
[未注明日期].*

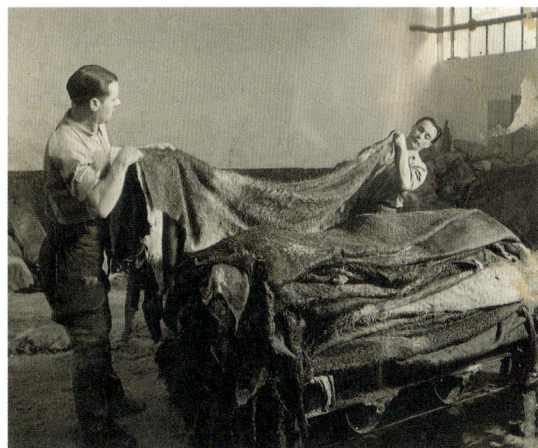

纤维组成的。通过在天然或人造织物上覆盖聚氨酯或聚氯乙烯（PVC）塑料而制成。PVC是最危险的，因为它会释放对人类和动物有害的化学物质二恶英。此外，合成革不会分解，也不会对土壤造成永久性破坏。

可持续的皮革替代品是由软木、菠萝叶和蘑菇皮（见第63~65页）制成的，这些替代品仍处于试验阶段，产量有限。

英国奢侈品百货公司塞尔福里奇百货是2005年首批禁止销售皮草的百货公司之一，尽管仍在销售由农业牲畜制成的皮革制品。[39] 越来越多的全球零售商和品牌，如香奈儿（Chanel）和维多利亚·贝克汉姆（Victoria Beckham）在2020年也禁止在手表、手袋和皮带等时尚产品中使用蛇皮、短吻鳄皮和鳄鱼皮。美国加利福尼亚州于2020年成为第一个禁止销售含有珍稀动物皮制成品的州，也是第一个禁止销售毛皮的州。[40]

羽毛

鸵鸟、孔雀、鸽子、鹅和火鸡等鸟类的羽毛是常用于制衣的材料之一。羽毛通常被认为是副产品，就像皮革是肉类工业的副产品一样。羽毛的复杂结构使其看起来光滑、柔韧、色彩真实、具有弹性。

几千年来，羽毛得到了广泛的应用。最早的枕头是用羽毛和羽绒填充的，书写工具是用鹅毛（空心轴）制成的。19世纪，时尚界和家居界对自然世界的关注引发了一种国际潮流。时髦的妇女戴着最新设计的羽毛帽子。欧洲和美国的女帽制造商争先恐后地使用鸟类和鸟类羽毛来争夺最奇异的帽子设计。随着对羽毛需求的增长达到顶峰，一些更富有的女性甚至把

整只鸟当作个人装饰品。

在后来的几十年里，越来越多的中产阶级开始效仿时尚精英。男人戴有羽毛装饰的软呢帽，女人继续用各种羽毛装饰她们的帽子、头发和衣服，尤其是用鸵鸟的羽毛。

鸵鸟羽毛因繁茂、色彩奢华、易染色而被广泛应用于时尚业。可以通过两种方式获得鸵鸟的羽毛：在鸟还活着的时候拔羽毛，或者在鸟被宰杀后取羽毛。经过化学染料漂白、着色或染色的羽毛是不能被生物降解的。

责任羽绒标准（RDS）是一个独立的、自

时装中的羽毛

　　长期以来，时尚界对羽毛的使用一直存在争议。1918年，由美国鱼类和野生动物管理局管理的《候鸟条约法案》禁止猎杀、交易和运输候鸟。它还规范了导致许多美国鸟类濒临灭绝的美国商业羽毛贸易。在该条约签订之前，统计数据显示1902年白鹭羽毛的销售量为1.5吨。根据当时的估计，大约有20万只鸟和60多万只蛋被猎杀。其他数据显示，仅在佛罗里达州，每年被猎杀的鸟类就高达500万只。[41]

玛丽·卡特兰佐（Mary Katrantzou），2019秋冬伦敦时装周。

愿性全球标准，它保护动物权利并遵循"五大自由"：免于饥饿和口渴的自由、免于不适的自由、免于痛苦、伤害和疾病的自由，免于恐惧和痛苦的自由，可以适当表达天性的自由。RDS于2014年由美国服装品牌北面（The North Face）与纺织品交易所（一家致力于纺织行业可持续发展的非营利组织）合作推出，旨在确保羽绒和羽毛来自没有受到不必要伤害的鸟类。供应链的每个阶段都由专业的第三方认证机构进行审核。只有得到100%认证的羽绒和羽毛产品才有RDS标志。

　　羽毛和羽绒的供应商Re：down®从欧洲各地收集的已消费的商品中回收羽毛，实行闭环循环。再经过提取、清洗和消毒，将羽绒和羽毛再次用于服装和床上用品。[42]

毛

　　与皮革和毛皮工业相比，有些人认为使用羊毛更合乎道德，因为它不涉及杀害动物，绵羊、山羊、羊驼和美洲驼都要剪毛。虽然使用羊毛确实听起来更加道德，但如果缺乏监管，并不是所有的公司都使用从正确途径获得的羊毛。假如绵羊和山羊，在一个地区大量吃草，而该地区的土地不足以维持动物的数量，就会造成过度放牧。过度放牧会造成土壤侵蚀、土地退化和有用植物物种的丧失。

2016年推出的责任羊毛标准（RWS）是一项针对绵羊及其放牧地的自愿性全球标准。责任羊毛标准的目标是为该行业提供一个标准，确保羊毛来自正规的农场，这些农场以先进的方式管理土地，负责任地对待绵羊。

选择羊毛的另一个考虑因素是绵羊排出的甲烷对环境的影响。根据联合国粮农组织（FAO）的数据，牲畜排放的温室气体约占全球温室气体排放的14.5%。

羊毛是所有纺织纤维中最容易被重复利用的。回收羊毛是一个相对影响较小的闭环过程。羊毛可以被分解成纤维，制成毛线在新的产品中重复使用。事实上，由于羊毛纤维的高质量和耐用性，羊毛产品可以在相对较长的时间内循环使用，从而减少其环境足迹。

羊毛经久耐用，同时也可被生物降解。羊毛运动（Campaign for Wool）是一项全球活动，由赞助人威尔士（Wales）亲王殿下主持。自2010年起，该活动旨在教育消费者，让他们了解独特、自然、可再生和生物降解的好处。例如，在2016年进行了一项实验，对比羊毛和合成纤维的质量，将两件毛衣埋在花坛里，大约6个月后再挖出来，他们发现合成纤维的毛衣还非常完好，而羊毛衫已经在土壤中被分解了。

山羊绒

山羊绒是一种天然的可降解纤维，由山羊下腹部柔软、蓬松的绒毛制成。在蒙古，中国西南部以及北部，伊朗，印度北部和阿富汗等国家和地区能生产最纤细的羊绒。

绒山羊脂肪很少，它们的皮毛可以抵御严

绒。可以从工厂的废料和旧衣服中回收羊绒，然后纺成新的纱线。这些纱线可以用来制造新的时尚产品。羊绒回收计划是指如果消费者退回他们的旧羊绒毛衣可以获得奖励。回收者收集到一定数量的毛衣，就会送到加工厂进行加工。

回收羊绒的缺点之一是纤维被分解了，强度变弱，更容易起球和损坏。为了确保质量与原始纤维相当，一些工厂将回收的羊绒与超细美利奴羊毛进行混纺。

丝绸

丝绸以其独特的光泽感、抗拉强度、耐用性和奢华的悬垂性而闻名。同时，吸水性强，易于染色。穿着丝绸面料制成的服装冬暖夏凉。

一般通过饲养家蚕生产丝绸。这是一个劳动密集型的过程，几个世纪以来一直没有改变，在中国这个行业约有100万工人。[43]

蚕是蛾类的幼虫和商业化饲养的毛虫。每只蚕都结一个茧，蛹破茧而出。蚕茧被煮熟之后，缫丝提取出蚕丝。给丝去胶和染色的过程都很复杂，要使用会污染水的化学物质。

丝绸生产业是劳动密集型产业，需要大量的资源，但丝的产量却不高。据估计，每4000平方米桑树只能产出15~18公斤的蚕丝，为了生产1公斤的丝绸，大约需要6600只蚕。[44]

和平丝

和平丝是一种非暴力、合乎道德的丝绸替代品，是桑蚕在没有使用杀菌剂、杀虫剂或基因喷雾剂的情况下自由生长而形成的产物。为了保护树木不受鸟类和其他昆虫的侵害，人们

酷的冬季气候。当温度升高时，它们会自然脱毛。在羊绒工业中，如果在隆冬时节剪掉绒山羊的皮毛，会使它们很难抵御寒冷。

大约需要4只山羊才能产出足够制作一件毛衣的羊绒。山羊生产商把毛梳理好，人工分类，然后清洗、提炼、打包，最后运到纺织公司。从历史上看，羊绒因稀有而成为一种奢侈的材料，售价昂贵。不断加快的上市速度和时尚周期增加了对羊绒的需求，再加上降低成本的压力，导致了羊绒价格的下降。现在，生产同样数量的羊绒需要更多的山羊，由此导致人口过剩和使用不可持续的贫瘠土地。

许多时尚品牌现在用再生羊绒代替原始羊

由*BoltThreads*公司生产的阿迪达斯x斯特拉·麦卡特尼*Microsilk™*网球裙。

初创公司Bolt Threads研究了蜘蛛丝蛋白的特性。受蚕丝的启发，他们利用生物工程技术将基因注入酵母中来提取蛋白质。这些蛋白质通过发酵大量产生酵母、糖和水，然后被纺成纱线织成服装。

虽然还处于研发阶段，但Microsilk™有潜力创造一个完全封闭的循环。阿迪达斯和时装设计师斯特拉·麦卡特尼用Microsilk™推出了一款生物纤维网球裙。将纯素丝与一种有机的纤维素纤维混合。纤维素纤维是植物细胞中的一种有机化合物，可被分解，使网球裙在生命周期结束时完全可被生物降解。

植物纤维

植物纤维通常由纤维素组成，纤维素是植物细胞壁的主要成分。纤维素纤维可以在植物的叶子、茎、杆、种子或果实中提取。植物纤维分为以下几种：

韧皮纤维或茎纤维，来源于植物茎（亚麻或大麻）内部树皮中的纤维束。

叶纤维，沿着植物叶子（菠萝、椰子）纵向延伸。

种子纤维（棉花）。

亚麻纤维

亚麻纤维是从亚麻的茎中提取出来的一种天然原料。亚麻纤维是世界上最古老的纺织品之一，已知在石器时代就使用了，它是一种可回收的纤维。在制成纤维的过程中，亚麻的所有部分都得到了利用，确保了最低限度的浪费。

历史上，亚麻在法国北部、比利时和荷兰生长得最好，那里土壤肥沃、气候适中，生产了世

在整棵树上放置一张网。一旦结成茧，就将它们保护起来，直到蛹孵化出来，这通常需要两到四周的时间。一旦飞蛾离开茧，空茧就会在不使用有毒化学物质的情况下被处理。

非暴力的蚕丝育种和获取途径减缓了丝绸生产速度，其成本高于传统的丝绸加工成本。动物权利组织（PETA）警告说，生产方式与不良的社会环境和破坏动物权利行为有关。此外，目前还没有任何认证能够验证或支持这些非传统标准。[45]

人造蜘蛛丝

天然的蜘蛛丝纤维具有很高的抗拉强度、柔软度、耐久性和弹性。

为了创建Microsilk™品牌，加利福尼亚州

界上80%的亚麻。与棉花相比，亚麻的生长只需要很少的水，因为它可以只依靠雨水而不需要额外灌溉。

亚麻纤维坚固耐用，强度是棉纤维的两倍。面料轻便，使用和洗涤后变得更柔软和有光泽，可以长时间穿着。世代相传的亚麻制品会展现出这种特质。亚麻被认为是一种"凉爽"面料，因为它能迅速吸收水分，所以在夏季穿着舒适，是夏季服装理想的面料。虽然亚麻具有天然的质地，但大多数亚麻要经过处理、漂白或染色。

有机亚麻未经处理，在生产过程中不使用任何化学物质，是完全可被生物降解的材料，并能在土壤中恢复。有机纺织品生产认证标准，如GOTS，要求纺织品符合生态和社会标准，并限制在加工过程中使用化学品，如毒素、漂白剂或染料。虽然有机亚麻产品更加昂贵，但生产者和消费者对有机纤维的投资促进了农民、环境和社区的整体长期健康。

自2013年以来，伊林·费雪（Eileen Fisher）一直在中国西部一个8平方千米的有机农场采购亚麻。该公司还利用当地的纺织厂进行纺纱，每年生产50多万件有机亚麻服装。[46]

科莫多（Komodo）的
有机亚麻。

棉

今天，大约一半的纺织品是用棉制成的。棉纤维具有舒适、自然吸湿性等特点，是服装

亚麻生产过程

1 培育 → 2 开花 → 3 拉伸 → 4 脱胶 → 5 收割 → 6 清理杂质 → 7 梳理 → 8 纺纱 → 9 织造

左图： 封闭循环品牌富地滋（For Day）的复古船员（Vintage Crew）系列服装，由50%的升级再造棉和50%的有机棉制成。

右上图： 一款时尚的100%有机棉针织衫。

右下图： 在西班牙桑坦德利纳纺织厂，使用最先进的纺织机械回收棉花。

工业中应用最广泛的纤维。如今，全世界大约有2.5亿人参与棉的生产，大部分在劳动力成本较低的发展中国家，如印度和孟加拉国。[47]

棉纤维是一种天然纤维，来自棉花植物的种子，很容易清洁，也易收缩，可以与合成纤维混纺，并进行化学整理以提高其性能。棉纤维可以编织或纺织成织物。

传统棉花是世界上资源最密集的作物。它由转基因种子（GMOs）培育而成，使用大量水、合成农用化学品和大面积的土地，以牺牲土壤为代价，最大限度地提高产量。在种植过程中使用的有害农药，包括化肥、杀虫剂和除草剂，会渗入水道，污染周围环境，影响社区和更广泛的生态系统。

有机棉是在没有化学物质和转基因种子的情况下种植的。有机棉农可以收集和重新种植棉花种子。虽然比传统棉花贵，但有机棉有很多优点，如可减少用水量，因为大多数有机棉花只需雨水灌溉，同时还减少碳和有毒废物排放。

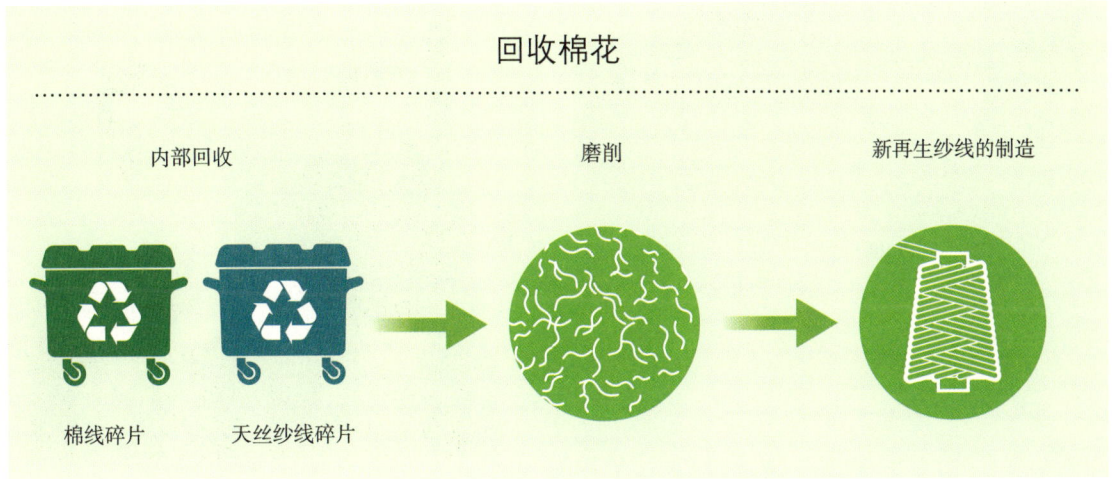

回收棉花

内部回收   磨削   新再生纱线的制造

棉线碎片   天丝纱线碎片

再生棉

再生棉是指将棉织物转化成可重复用于纺织产品的棉纤维。大多数的再生棉是通过消费前的废物生产的，例如切割废料。

再生棉布通常是非循环织物的良好替代品。例如，设计师提齐亚诺·瓜尔迪尼（Tiziano Guardini）在与牛仔供应商伊斯科（ISKO）合作设计牛仔皮草之前，尝试了几种替代品来制作人造皮草，如松针。最终由有机棉和消费前回收棉制成，为动物和人造毛皮提供了一个可持续的替代品。同样，乌克兰小品牌克塞尼亚·施奈德（Ksenia Schnaider）也在基辅的二手市场购买二手牛仔裤，将其改造成奢华时尚的运动服，如他们创新的牛仔大衣。

大麻纤维

工业大麻可以作为服装和配件的原材料的可再生来源。在任何气候下种植大麻都不需要化学物质，用水也很少，并且可以恢复土壤的健康。

从麻类植物的茎中可以提取两种纤维，一种是长（韧皮）纤维，另一种是短（芯）纤维。长纤维经过清洗、纺纱，然后织成许多适合耐久性设计的织物。大麻纤维可以与其他纤维混纺，如棉和亚麻，以获得特定的质地和性能。

大麻纤维与其他纺织品相比，重量轻、保暖、不易过敏，并具有耐气候性。它比棉花更坚固耐用，而且100%可生物降解。总的来说，它的环境足迹比传统种植的棉花要小得多。

大麻纤维是另一种可用于制造毛皮的可持续替代品的纤维。总部位于阿姆斯特丹的Hoodlamb设计冬季外套时使用的是一种被称为Satifur的"零残忍"的大麻皮毛，由回收的PET瓶子和大麻纤维制成。此外，乌克兰品牌德文家（DevoHome）用大麻纤维制造所有服装和家居产品。种植和收割大麻都在其工厂附近的田地里进行，那里是大麻纤维加工的地方。

循环领导者：丹尼尔·弗里塔格（DANIEL FREITAG）和马库斯·弗里塔格（MARKUS FREITAG）

可降解的服装

苏黎世的服装制造商弗里塔格（Freitag）正在使用可生物降解的材料设计生产服装。这种被称为F-abric的材料由亚麻和大麻纤维混合而成，还有由山毛榉树中提取的纤维素纺丝而成的莫代尔纤维。特殊的织造工艺使纺织品一旦堆腐就能迅速分解。

1993年，丹尼尔·弗里塔格和马库斯·弗里塔格是两名瑞士大学生，他们是热衷于骑自行车的通勤骑手，需要一个功能性的旅行包，用来储备抵御变幻莫测的天气的必需品。他们设计的第一个耐用防水包的灵感来自经过他们公寓的卡车：用回收的卡车篷布、旧自行车内胎和汽车安全带制成车身。如今，这款包非常畅销，可以在世界各地城市的骑行者身上看到。

为了制作包，弗里塔格收集了卡车上的防水布，把它们拆开，然后清洗，裁剪成合适的尺寸，每个包都能有独特的颜色、标记和轮廓。该品牌的产品线现在包括90款邮差包、各种笔记本电脑包、背包和其他用于自行车骑行的配件。

弗里塔格的设计思路基于循环的思考和实践。自2015年以来，他的公司一直实行全息管理，这是一种自我管理结构，决策团队是循环（团队）的形式分布，而不是传统的主管和经理的线性结构。

替代植物纤维

可持续的纺织品创新正在快速发展，进入市场的新面料更容易让设计师转向循环和可持续的设计。以下是一些更生态的植物替代品。

软木——皮革替代品

软木主要产于西班牙、葡萄牙和法国种植的橡树。橡树树皮每十年剥一次制成软木。剥去树皮只需要很少的加工，不会对环境造成任何破坏。软木既可回收又可降解。

菠萝——皮革替代品

Piñatex® 是一种由菠萝植物的废弃部分制成的非织造材料。从菠萝叶子中提取纤维，而剩余的物质被做成堆肥。这种纤维每米大约需要480片叶子，被粘合成皮革制成服装和配件。Tooche是一家由女性创办的鞋履品牌，它与拉脱维亚的制鞋商合作，使用羊毛毡和Piñatex®等环保材料手工制作鞋子。

橘子——丝绸替代品

Orange iber 是一家意大利公司，该公司生产一种从柑橘皮中提取的可降解丝绸替代品并申请了专利。在与米兰理工大学合作之后，这一创新工艺将意大利每年超过70万吨的废弃柑橘废料转化为柔软、丝滑、轻质的材料。

Abacá纤维——合成替代品

Abacá是从菲律宾高地种植的一种香蕉植物的鞘状叶子中提取的叶子纤维。它可以与其他植物套种，最大限度地减少对土壤的侵蚀，并减少生产所需的土地用量。Abacá还有助于拯救生态系统和濒危物种。

下：菲拉格慕（Ferragamo）2017年橘子纤维成衣系列中的一条缎带，以庆祝地球日。

由瑞士品牌Qwwstion开发的Bananatex®包系列

Abacá纤维以其光泽感、耐用性、柔韧性和耐盐水性而闻名。在19世纪，它被广泛用于制造绳索、麻绳、鱼线和网，Abacá纤维纸浆被用于制作坚固的马尼拉信封。Abacá纤维不需要纺纱，内部的纤维强度高、重量轻，主要用于帽子和手袋等时尚配饰。

Bananatex®是首款由Abacá纤维制成的科技防水面料，坚固耐用，轻便灵活，是合成纤维的可行替代品。瑞士品牌QWSTION的Bananatex®手袋，在切割单个部件后不产生任何浪费；在包的生命周期结束时，面料是100%可生物降解的，它的扣环和拉链可以回收利用。

蘑菇皮革——皮革替代

蘑菇皮革是由菌丝体制成的，菌丝体是蘑菇的根部结构，扎根于森林地面下。菌丝体是一种组织结构，可以根据环境条件形成各种形状、大小和宽度。例如，如果把它放在碗里，就会变成碗的形状。菌丝体生长产生的垃圾很少，大部分是可堆肥的，并且对空间和能源的占用较少。

菌丝体坚固、柔韧、耐用，极端的地下生长条件赋予它高强度。与皮革类似，它是防水的，但更柔软和透气。

Bolt Thread的Mylo™驱动包看起来像皮革，但它是由Mylo™制成的，Mylo™是一种由菌丝体制成的可持续材料。

竹子——棉花替代品

Monocel®是由挪威南卡坦公司开发的，作为传统棉花的可持续替代品。它使用的是森林管理委员会（FSC）标准下种植的第三代竹纤维。这种竹子不需要任何灌溉、杀虫剂或化肥，也不会抑制粮食生产，在不适合种植粮食作物的贫瘠土壤条件下也能茁壮成长。

成竹在一个节能和节水的闭环系统中生产加工，以循环利用无毒的化学物质，就像Lenzing生产TENCEL™的过程一样（见第66页）。

Monocel®纱线柔软，有滑糯的手感，无论湿态还是干态，都比棉更结实。它还抗静电和抗菌，具有温度调节性能。

人造纤维和合成纤维

人造纤维或合成纤维是非天然纤维。人造纤维是从植物纤维素等天然原料中再造的。合成纤维是由经过化学过程形成的人造材料制成的。

纤维素纤维

纤维素纤维是从树皮、木材或叶子中的纤维素中提取出来的一类材料，纤维素是构成植物细胞壁的纤维物质。棉花、亚麻和大麻是天然纤维素纤维，而下面提到的人造丝是一种人造纤维素纤维，因为它在被定型成细丝并纺成线之前，要使用化学物质分解成液体。

人造丝（粘胶）

人造丝（粘胶）是最常见的人造纤维素纤维。于19世纪中期在法国开始流行起来，最初以"人造丝绸"的名义销售。如今，大部分都在中国生产。全球纤维素纤维的产量在过去20年翻了一番，主要是由于人造纤维产量的增长。

人造丝织物是一种多功能织物，具有许多与棉和丝相同的性能：柔软、舒适、透气、不吸水、易染色。人造丝悬垂效果好，但容易起皱。通常，人造丝需要经过化学防皱整理或与其他纤维混合以获得更好的性能。

传统的人造丝，也称粘胶，是由桉树、橡树或桦树的木浆制成的。要将木浆转化为纤维，首先要用烧碱（氢氧化钠）溶解，这是一种腐蚀性很强的无机化合物，然后再经历一系列能源、水和化学密集型的处理过程，留下大量的碳足迹。

根据追踪纤维和材料生产情况的非营利性组织纺织品交易所的一份报告显示，可循环使用的纤维素工艺可以减少对环境的影响，并被指定为"首选纤维"。[48]

莱赛尔和莫代尔

人造丝、莱赛尔和莫代尔都是从植物材料中提取的，不同之处在于制造工艺和纤维结构。莱赛尔纤维是1972年美国开发的一种人造纤维。它是用一种不同于传统人造丝的溶剂，名为N-methylmorpholine N-oxide（NMMO）的无毒有机化合物取代烧碱溶液来分解木浆制成的。在闭环生产过程中，有机溶剂被不断地重复利用和回收，对环境的影响很小。

莱赛尔纤维有许多人造纤维的特性。它抗皱，具有光滑、柔软的外观和极佳的悬垂性，耐用、透气、吸水性强。莱赛尔纤维是可生物降解的，但它的生产成本更高，比传统的人造纤维更昂贵。

TENCEL™是奥地利供应商Lenzing生产的莱赛尔纤维的品牌名称。TENCEL™生产的莱赛尔纤维使用同样的生产工艺，只不过是用生长在可持续采伐森林中的桉树的木浆制造的。

莫代尔也是人造丝的一种，使用相同的传统生产工艺和类似的化学品制成，纤维经过处理和拉伸以增强其强度，因此防缩、防皱。莫代尔最初于20世纪50年代在日本研发，但现在主要由Lenzing公司生产。

合成纤维

合成纤维结实耐用，易于染色，具有优良的防污和防水性能。与天然纤维相比，合成纤维更便宜，更易批量生产，是快时尚服装品牌的热门选择。

聚酯纤维

聚酯纤维来源于石油，是时尚界最常用的纤维之一，它有很多优异的性能：保形性好、抗皱、防缩、干燥快。但是生产聚酯纤维会产生大量的碳排放。据统计，生产一件聚酯T恤比生产一件棉衬衫要多排放262%的CO_2。根据2018年时尚产业报告显示，用再生聚酯替代聚酯可以减少90%的有毒物质排放，减少60%的能源使用，减少40%的排放。[49]

再生聚酯通常是由塑料饮料瓶（PET瓶）提取的。这些瓶子经过一系列工序熔化和再纺，制成新的聚酯材料。

PET（聚对苯二甲酸乙二醇酯）是一种常见的聚酯纤维，用于生产塑料包装、纺织纤维和塑料瓶。法国一家名为Carbios的"绿色化学"公司发明了一种被称为"生物回收"的方法，这种方法可以使用酶无限循环催化形成PET塑料，而不需要分类。

海洋塑料

据估计，每年有800万吨塑料垃圾流入海洋。地球上的洋流有五个巨大的、缓慢移动的漩涡，塑料垃圾都在那里聚集。按照目前的速度，到2050年，塑料垃圾将超过海里所有的鱼的数量。[50]

手工人造皮草制造商ECOPEL推出了一系列由回收的海洋塑料垃圾制成的人造皮毛材料。该皮毛材料通过了全球再生标准（GRS）认证。GRS是一项国际自愿性标准，为回收物、监管链、社会发展、环境实践以及化学成分限制建立了第三方认证标准。

阿迪达斯与非营利环保组织"海洋谈判"（Parley for the Oceans）合作，共同解决海洋中的塑料材料问题。Adidas x Parley系列运动鞋完全由回收的海洋废物、塑料瓶和非法设置的深海刺网加工的纱线制造而成。[51]

尼龙

尼龙是另一种从石油中提取的合成纤维，是1934年由美国化学家华莱士·卡罗瑟斯（Wallace Carothers）为杜邦公司（DuPont）开发的丝绸替代品。他专注于聚合物分子（比

回收聚酯

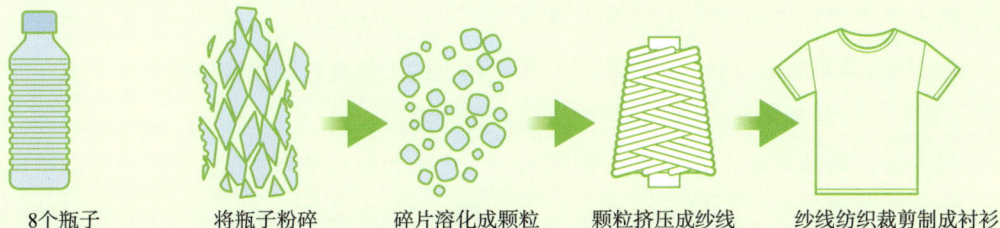

8个瓶子 　　 将瓶子粉碎 　　 碎片溶化成颗粒 　　 颗粒挤压成纱线 　　 纱线纺织裁剪制成衬衫

阿迪达斯x Parley's UltraBOOST Parley系列运动鞋是用海洋塑料回收的纱线制成的。

如丝绸中的聚合物分子）的研究。尼龙是通过一种叫作聚合的化学过程生产出来的，聚合过程将分子融合在一起，形成更长的纤维链。

与涤纶相比，尼龙更难回收。穿过的尼龙衣服不能回收，因为有纤维混纺和一些化学品添加到了织物中，污染性强。

然而，有一些使用过的尼龙可以通过化学方法回收，生产出服装用再生尼龙。

再生尼龙主要是由工业后的废料，如从原始尼龙纱生产过程中或从地毯废料中提取制成，也可以由消费后的废料，如旧地毯、废弃渔网制成。这种开环化学回收可以减少供应链废物的产生，降低对不可再生石油资源的依赖，并循环利用消费后的尼龙废料，减少污染。

生物废料

通过将食品和农业工业的废弃物和副产品转化为时尚服装和配饰的理想材料，新的生物基纺织品发展正转向循环性转变。该方法不需要种植作物作原料，而是利用现有的残留物和废物。

生物塑料

生物塑料是一种可生物降解的塑料，由可再生的天然材料制成或提取，如土豆、甜菜或玉米淀粉废料。

生物塑料最大的优点是通过提高资源使用效率来关闭循环。用于制造生物塑料的资源可以在产品生命周期结束时被重复利用或机械回

收，创造出丰富的有机材料，因此可以在其种植过的土壤中种植新的植物。Chip[s]Board®是一家循环材料制造公司，以"在别人看到废料的地方发现价值"为使命，从土豆中开发一系列材料。[52] 他们与麦凯恩食品公司合作，使用能将土豆皮再生产的零废物生产系统，将土豆皮与农业废弃物混合，制成生物塑料Parblex®。Parblex®具有美观的表面纹理，可以取代传统塑料，且价格颇具竞争力，可以制成扣件、纽扣和时尚配件。

AGRALOOP™生物纤维

总部位于洛杉矶的众美回源纺织科技公司（Circular Systems SPC），这家材料科学初创公司将种植大麻、亚麻、菠萝、香蕉和甘蔗的作物残渣转化为一种高价值的纺织品，称为Agraloop™生物纤维。如果不将农业废弃物转化为新材料，废弃物就会腐烂或焚烧，产生大量甲烷，并增加温室气体排放量。该公司还与制鞋品牌Veja和李维斯（Levi's®）等公司签署了品牌合作协议，以打造时尚产品。

> 思考：
> 未来的循环，你认为哪种面料是传统棉、合成聚酯和动物材料最有前途的替代品？

第4章
加工

我们如何衡量生产一件服装对环境的影响?在很大程度上取决于所使用的材料,尤其是该材料是如何处理的。棉、人造丝、涤纶、混纺织物和再生纤维的处理方式完全不同,需要不同的解决方案来降低它们对环境的影响。化学品使用、水使用、土地使用和废水处理都是重要的考虑因素。

化学利用

在将原材料加工成时装产品的过程中,大约使用了8000种化学制剂,以及超过10000种不同类型的染料。[33]这些化学制剂大多数含有致癌物质和化学成分,但消费者通常不知道。这些化学制剂还会伤害工作人员的健康,最终排入工厂周围的淡水系统污染水源。

尽管存在这些问题,但时装零售商并不会披露其产品制造过程中使用的生产方法或化学制剂。在美国,服装标签只需要标明纤维含量、服装的产地(即原产国)、制造商名称和注意事项。在英国,强制规定衣物的标签要包含纤维含量、原产国、注意事项及衣物的可燃性(如适用场合)。

无论是合成织物还是天然织物,都可以漂白、染色,漂洗前要在化学制剂中浸泡。虽然大部分化学物质会被冲洗掉,但也有一些会残留在衣服上。那些防皱、防污或防紫外线设计的衣服可以用织物中固有的化学整理剂进行处理。

大多数纺织品是在发展中国家加工的。由于在生产过程中使用的化学制剂缺乏透明度,工人可能会直接接触到没有安全保护的化学品。

全氟碳化合物(PFCS)

全氟碳化合物主要用作潮湿天气服装的防污和防水剂。全氟碳化合物一旦进入自然环境或人体很难分解,因此会破坏生态系统,影响人类肝脏功能。[54]2014年,绿色和平组织在纺织工厂的废水和在中国捕捞的野生鱼类中发现了

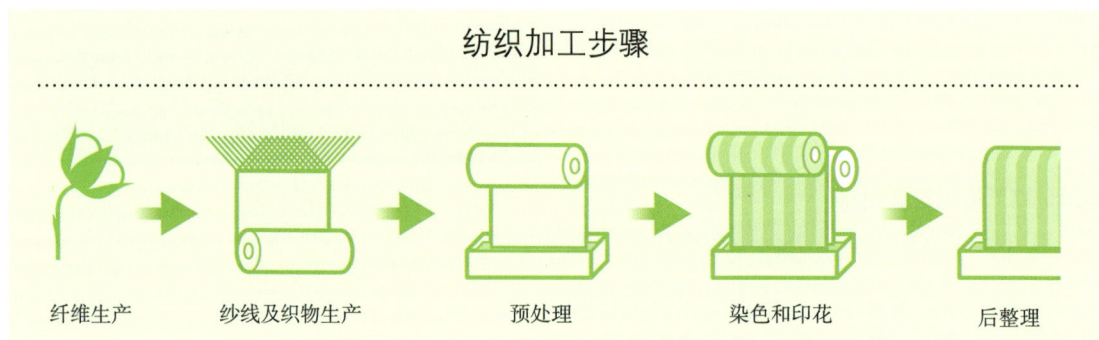

纺织加工步骤

纤维生产　→　纱线及织物生产　→　预处理　→　染色和印花　→　后整理

全氟碳化合物。[55]

甲醛

甲醛是一种无色气体，用于服装防皱、防缩整理，即使经过多次洗涤也能保型，因为甲醛用洗涤剂和水是冲洗不掉的。甲醛还被用于衣服在运输过程中的防霉处理。甲醛对人类呼吸道有刺激，并已被国际癌症研究机构归为致癌物质。

阻燃剂

阻燃剂用于防止火势蔓延，主要用于儿童睡衣。在美国，根据1953年的《易燃面料法》的规定，儿童睡衣必须具有阻燃性。这些阻燃剂中使用的化学物质会干扰激素分泌，甚至可能导致癌症。尤其儿童可能特别容易受到这些化学物质的毒性影响，因为他们的身体各器官仍在发育中。

镉、汞和铅

镉、汞和铅被称为"重金属"，在时尚行业，通常用于染料和皮革鞣制。重金属的毒性会积聚在人体细胞中，对神经系统或肾脏造成损害。

偶氮染料

偶氮染料价格低廉，能很好地附着在各种纤维上，染出明亮、鲜艳的颜色，[56]占纺织工业染料的60%~70%。偶氮染料也会释放出一种致癌物质——芳香胺。

天然纤维和人造纤维

天然纤维和人造纤维都需要经过加工才能转化为制衣面料，这意味着天然纤维和人造纤维都会对环境形成污染。如果不是有机种植，棉花的种植过程将占用大量资源，农药、杀虫剂和化肥的大量使用会残留很多有毒物质。生产羊毛纤维的过程会用到农药和杀虫剂，在洗涤过程中也要用化学药品处理。

人造纤维如人造丝或莱赛尔纤维，生产过程也非常耗费资源。人造纤维生产过程中使用的二硫化碳溶剂，是一种有毒化学物质，已知会影响人类生殖系统，并通过废气和废水排放对工厂工人、周围社区和环境构成危害。

聚酯纤维的生产依赖于不可再生的资源石油，以及许多有毒的化学物质，如二元酸和对苯二甲酸。这两种化学物质在加工过程中若没有被完全清除，容易被皮肤吸收，导致工厂工人患上皮炎和呼吸道感染疾病。此外，人造材料是不可生物降解的，需要很长时间才能分解，会对环境造成长期污染。

在纤维加工中使用的化学制剂危害了环境和人类的健康。当我们重新构想如何以循环方式处理用于时装的面料和其他材料时，我们可以尝试以下两个方面的措施：

1. 逐步淘汰目前用于制造纤维、服装和鞋类的有害原料，并用更安全的替代品取代这些原料。
2. 使用更安全、更环保的化学方法和技术制造材料和产品。

纱线及织物生产

纺织制造业的核心是织物织造。织物织造的方式有很多种，最常见的是机织，其次是针织，还有其他形式如钩针编织，毛毡等。为了防止纱线在织造过程中断裂，在不同的阶段会使用化学润滑剂、溶剂和黏合剂来加强纱线强度或减少摩擦。

预处理

纤维、纱线或织物在进行湿处理之前可进行预处理。预处理是对材料接受染料和其他化学物质之前的一个准备。这是一个多步骤的过程，并取决于纤维的类型或成份，以及之后的处理过程。

染色和印花

用于染色的染料也可以用于印花，但必须经过相同的固色和洗涤步骤（见第70页）。许多染料存在健康风险，如引发工作人员患皮肤病，或进入淡水系统。染色过程通常涉及一系列有毒化学物质，如二恶英，这是可能破坏激素的致癌物。这些化学物质包括有毒的重金属，如铬、铜和锌、甲醛等已知的致癌物质（能够引起癌症），还有一些染料和染色工艺中有重金属，如铜、铬或钴。

后整理

纺织加工的最后一步是为整理后的织物添加一些技术性能或审美情趣。根据所需要的性能，如阻燃性、强耐水性、抗菌性，以及保护涂层，或特定的时尚处理需求，使用了各种各样的化学品。

牛仔布行业就是一个很好的例子，来说明后处理阶段是如何破坏织物的。粗斜纹棉布牛仔裤在全世界已经卖出了数百万条，是全球最畅销的服装之一。预计到2025年，全球牛仔市场的零售额将达到854亿美元（约合6570万英镑）。[57] 牛仔市场受益于众多创新，如石洗、仿旧、酸洗、刺绣、饰钉和破洞。漂白牛仔布

范思哲在米兰时装周上展示的2020年秋冬季新品的牛仔细节。

经常出现在设计师的T台上，并在许多时装店销售。

土耳其是世界上最大的牛仔生产国之一。2009年3月，由于许多工人吸入了空气中的二氧化硅颗粒并患上了晚期矽肺病，该国禁止了用于漂白牛仔布的喷砂技术。现在，90%的漂白过程都是用高锰酸钾来代替喷砂，用于制作牛仔布褪色的外观。这是一种有效的精加工技术，但它也对环境和人类健康有很高的危害。高锰酸钾被欧洲化学管理局列为"危险物质"，如果反复吸入，可能会影响肺部，导致

支气管炎和肺炎等疾病。它含有重金属锰，不能生物降解。

全世界每天使用的高锰酸钾超过5吨，这意味着有大量的高锰酸钾被排放到废水中，对水生生物造成毒害。2018年，德国化工公司CHT Group推出了首款生态高锰酸钾替代品——"organIQ BLEACH"。这是一种创新的有机漂白剂，不含重金属和氯，完全可生物降解。

数码整理

激光雕刻和蚀刻饰面是牛仔布化学和手工处理的可持续替代方案。激光技术可以模拟出自然褪色的牛仔裤。2019年，李维斯推出了Future Finish，这是第一个在线定制平台，通过使用激光抛光，提供超过3000种可能的组合，为消费者提供个性化定制服务。

绿色化学

绿色化学也被称为可持续化学，旨在通过寻找更安全、更生态的替代品来最大限度地减少或消除有害物质的使用。它适用于化学产品的整个生命周期，包括设计、制造、使用和最终处置。由化学家保罗·阿纳斯塔斯（Paul Anastas）和约翰·华纳（John Warner）共同制定的《绿色化学12原则》为蓝图，构想从源头上消除化学污染，鼓励所有学科的化学家设计出对人类和环境无害且不会产生废物的低危险的化学物质。这些化学物质一旦使用，就会分解成无害的物质，不会在水道等地方堆积。[58]这些原则应该应用于整个时尚行业，特别是当前严重依赖于有害化学物质的染色工艺。

环保染色过程

对新的实验性染色技术的深入研究，有利于企业开发对工人、穿着者和环境危害更小的新生产技术。

细菌染料

细菌染料是100%纯天然的生物产品。例如，维也纳纺织实验室发明出由天然细菌制成的有机染料，以提供一种可持续且环保的传统合成染料的替代品。

蟹壳固色剂

PureDenim的创始人路易吉·卡恰（Luigi Caccia）已经在意大利北部生产牛仔布40多年了，后来他才发现，由于生产过程中接触到各种化学物质，工人们生病，河流也趋于枯竭。2014年，他决定创造一种更清洁的染色工艺，因此他的公司购买了一台使用电化学品（CO_2和O_2）而不再需要用水的机器来染色牛仔裤。

随后，该公司以聚乙烯醇（PVA）取代了传统的纱线加工技术，用于生产牛仔布。但聚乙烯醇需要使用大量的水和能源，而且需要清洗化学品，对废水质量有相当大的负面影响。

左图：青色链霉菌菌落，在适当的条件下，会形成色素，可以用来给织物染色。

下图：DyeCoo无水且无化学药品的工业机器，可以提供清洁的纺织加工。

聚乙烯醇是一种在废水中常见的微塑化物质，即使经过密集的净化步骤，也有可能进入水生食物链。

后来，卡恰发现了一家使用壳聚糖（甲壳类动物外骨骼中甲壳素的天然衍生物）的公司。在牛仔布纱线染色后将其涂在上面，壳聚糖会形成一个壳来保护染料颜色，使它们不会被擦掉，从而减少给织物上色所需的染料量。壳聚糖也是可生物降解的，使用它可以大幅减少水和能源的消耗，以及有毒洗涤剂、漂白剂和其他化学试剂的使用。

无水染色

无水染色是在生产过程中不用或少用水和化学品的另一种方法。DyeCoo是一家总部位于荷兰的公司，它使用机器对织物进行加压CO_2染色，染料能够迅速溶解并渗透到织物中，而不需要使用化学品或水。据估计，每台机器每年可以节约多达840万加仑（3180万升）的水和大约176吨加工化学品。此外，由于机器使用闭环系统，每次染料循环后95%的CO_2都可以被清洗和回收。[59]

水利用

今天我们穿的每件衣服都需要数千品脱（升）的水来生产。水是所有制造过程的关键组成部分。"水足迹"是指制造服装所消耗的水量。通过测量水足迹，我们可以清楚地知道水是如何被使用的。

用于全球纺织品生产（包括棉花种植）的水每年加起来大约24.56万亿加仑（92.95万亿升）。[60]大多数织物的处理工序，包括上浆、煮练、漂白、丝光和染色，都要用水。在每进行下一个工序之前，都需要彻底清洗织物，去除所有的化学品。整个过程完成后，使用过的水通常不经过进一步处理就直接排放到生态系统中。这种废水中含有生产过程中使用的所有化学品。这些化学污染物的类型和数量取决于制造设备的类型，以及生产过程、纤维、技术和使用的化学品。

除了制造业，纺织业也使用了大量的"虚拟水"。1993年，约翰·艾伦（John Allan）教授（2008年斯德哥尔摩水奖得主）提出了"虚拟水"的概念，该概念衡量的是嵌入在食品和消费品生产和贸易中的水的含量。例如，纺织制造涉及的"虚拟水"是指在这个过程中消耗、蒸发或被污染而没有用于其他任何用途的水。

废水

染料制造和纺织品后整理行业排放的纺织废水（TWW），如果不经适当处理直接排放到水流中，则是对生态系统中危害最大的废水之一。[61]棉织物整理过程中使用的化学品多达65%，合成纤维使用的化学品达55%，这些最终都排入废水中。[62]

染色和后整理是造成大量废水的主要原因。许多染料（包括天然染料）不能很好地"粘附"到织物上，染色之后会随着清洗织物而排放到废水中。例如，一种织物仅能保留80%的染料，而其余染料会从清洗工序中排放出去。[63]尽管可以对废水进行处理来去除染料和重金属等有毒化学物质，但这种处理过程价格昂贵，所以很少被采用。

印度尼西亚是全球纺织业和服装业的主要

一件纯棉T恤的水足迹

生产一件纯棉T恤需要2700升水，足够一个人喝两年半。

2700升水

1件棉T恤

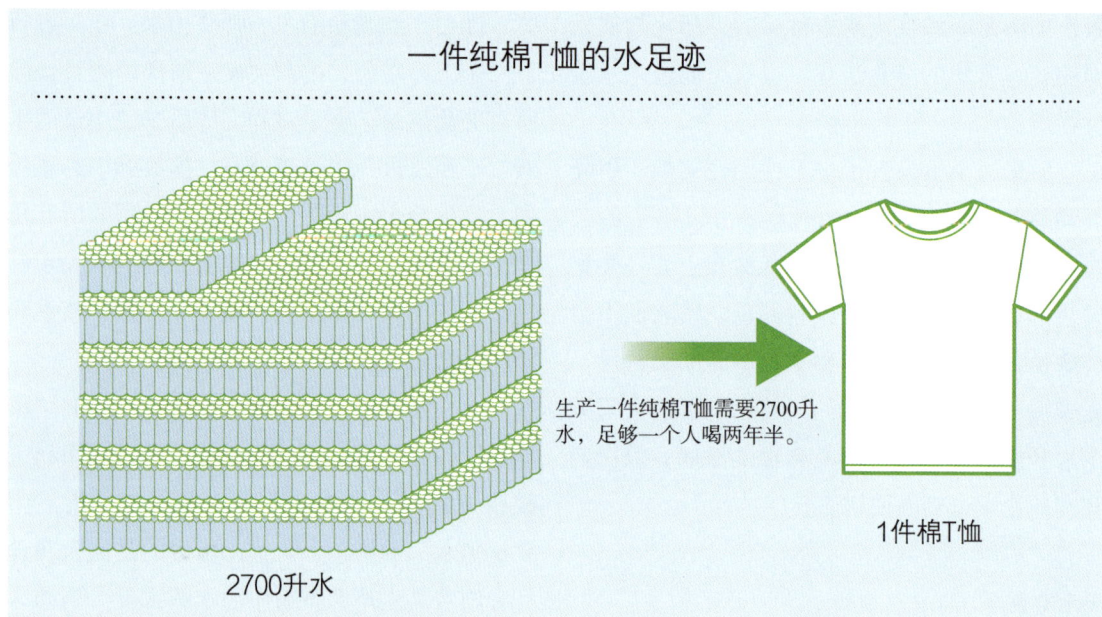

加工厂。它也是世界上污染最严重的河流西塔鲁姆河（Citarum）的故乡。这条河以一种叫作塔鲁姆（Tarum）的植物命名，塔鲁姆是从天然树木的叶子或树皮中提取的，可用于制作一种稀有植物染料——靛蓝染料。印度尼西亚蜡染制造商在传统的蜡染纺织工艺中使用塔鲁姆，这种方法需要使用抗蜡剂在织物上染色并绘制彩色纹样。

如今，这条河不再是该地区曾经繁茂的塔鲁姆植物的家园，也不再是依赖其生产的社区的家园。伴随着20世纪80年代的快速工业化、废物管理的缺乏以及合成纤维的兴起，这条河流也被污染。截至2019年，这条河附近有超过2000家工厂，其中大部分向水中排放砷和铅等有毒化学物质。[64]

循环水

一些公司正在努力减少纺织品生产和制造中的废水。李维斯与他们的中国工厂合作，设计了一套系统，将100%的循环水输送到牛仔裤生产线的工业洗衣机中。该公司是业内第一家采用新的水循环标准的公司，该标准节约了淡水资源。该计划于2014年启动，当时共有10万条女式牛仔裤用100%的循环水制作而成。节省了大约320万加仑（1200万升）的水，足够填满5个奥运会标准大小的游泳池。[65]

土地利用

全球纺织服装业需要大量的土地用于原材料生产和面料制造。这种土地利用会对生物多样性产生重大影响——地球物种的多样性提供了诸如授粉、水净化和气候调节等生态系统服务。

有机土地利用

可持续农业实践的发展，例如，种植有机

棉花，将大幅减少与传统种植方法相关的负面环境影响。有机农业还可以通过减少土壤、空气、水和食物供应中有毒农药的接触，来改善土地和依赖它的社区的健康。

再生土地利用

再生农业涉及一系列补充土壤、恢复生物多样性的技术。以这种方式改善土壤的健康有助于从大气中去除CO_2。法国奢侈品时尚集团开云集团（Kering）和整体土地管理机构萨维勒研究所（Savory Institute）合作，在时尚业及其供应链中扩大再生农业措施。"土地转市场"计划主张构建一个经过改善的农场网络，以展示优秀的生态成果。开云品牌能在它们的供应链中访问这些农场。该计划旨在利用生态结果验证（EOV）认证，来改善该行业对全球环境的影响。EOV衡量一个地区整体健康状况的积极或消极的趋势。

扩大再生农业是通过恢复健康土壤来扭转环境退化的一种手段。

温室气体

2015年12月，在法国巴黎举行的第21届联合国气候变化大会（COP21）上，有关国家达成了一项具有里程碑意义的协定，以应对气候变化，加快并加强可持续低碳未来所需的行动和投资。此次《巴黎协定》的主要目标是加强全球对气候变化威胁的应对，将本世纪的全球气温升高控制在远低于工业化前的3.6°F（2°C）以下，并为把升温控制在2.7°F（1.5°C）之内而努力。如果全球变暖，我们会看到海平面上升、人均收入下降、区域食物和淡水短缺以及动植物物种加速灭绝。

然而，研究表明，世界尚未走上实现《巴黎协定》目标的轨道。截至2019年，纺织品生产的温室气体排放总量为每年12亿吨。要把气温增幅控制在2.7°F（1.5°C）之内，温室气体排放必须在2030年前减少45%，并在2050年前建立净零排放经济。[66]

2018年发布的《时尚产业气候行动宪章》设定了到2030年将温室气体排放量减少30%的目标，并承诺根据《科学目标倡议》中的方法为时装业分析并建立脱碳途径。科学减碳倡议是CDP（一家帮助组织和城市评估其环境影响的慈善机构）、联合国全球契约组织（UNGC）、世界资源研究所（WRI）和世界自然基金会（WWF）之间的合作项目，帮助公司制定减排目标，使之符合最新气候科学所设定的实现《巴黎协定》的目标条件。

评估工具

迈向更多循环处理的有效途径的第一步是使用评估工具来衡量负面影响，并了解供应链中可以改进的领域。通过识别和跟踪纺织品加工过程中的化学品消耗、能源消耗和水消耗，可以创建一个基线，以改善对人类和环境的影响或确保资源可以循环使用。

识别有毒化学物质

供应链的透明度是获取有关产品中使用的化学品的准确信息的关键。这些数据可支持更安全的化学品使用和循环产品设计的发展。ZDHC有害化学物质零排放计划蓝图是一个由服装、鞋类品牌和零售商组成的联盟，致力于共同努力推动行业朝着有害化学物质零排放的方向发展。ZDHC制造限制物质清单（ZDHC MRSL）记录了禁止在加工纺织材料、皮革、织物、服装和鞋类的装饰部件中有意使用的化学物质。

"零排毒"（Detox to Zero）是激进环保组织"绿色和平"（Greenpeace）发起的"时尚排毒"（Detox My Fashion）活动，该活动要求时尚公司停止使用服装生产中的危险化学品污染水道。纺织品生产商通过实用且可用的分析和评估工具——Detox to Zero/OEKO-TEX来评估其化学品管理系统的状态，从而控制和提高有害物质使用的透明度。

ChemFORWARD是时尚品牌、零售商和

2015年，绿色和平组织在印度尼西亚一处受污染的稻田里举办了"排毒T台秀"，以强调时尚产业的有毒影响。

左：有害化学物质零排放计
划蓝图标识。

右：希格指数标识。

非政府间国际组织（NGOs）组成的非营利合作组织，旨在促进设计和制造领域的"化学反应"。ChemFORWARD的一个项目MaterialWise整合了全球监管清单，帮助生产商从设计过程的一开始就快速识别和消除已知且备受关注的化学品。作为一种免费的筛选工具，它还使用户能够参考受限制物质清单，以检查采购计划是否符合认证，并可以作为首选。

执行、验证和共享评估

希格指数（Higg Index）是由可持续服装联盟（SAC）开发的一系列可持续发展评估工具，该联盟是一个致力于减少全球产品对环境和社会影响的行业性组织。希格指数使供应商、制造商、品牌和零售商能够根据环境绩效、社会劳动实践和产品设计来评估材料、产品、设施和流程。超过8000个品牌、零售商和制造商使用希格指数工具，共同努力提高全球服装、鞋类和纺织品价值链的供应链可持续性。

希格材料可持续性指数（MSI）根据原材料的提取或生产、制造和后整理，以及最终制成成品的织物对环境的影响，对材料进行评分。分数是基于以下影响因素：全球变暖、水资源污染、水资源短缺、资源枯竭和化学品。MSI会添加一个化学评分（根据认证类型

的不同而有所不同），然后得出该材料的MSI分数。

认证

为了对人类健康和环境产生积极影响，对所有时装产品中使用的材料进行第三方认证是非常有益的。认证要确保可信度；进行严格的、科学的评估；与全球最佳实践和标准保持一致；并为客户和外部利益相关者提供保证。将安全的材料和流程纳入到循环设计工作中，为构想、协作新的合作伙伴关系，提出更好的解决方案，提供了一个很好的合作机会。

> 思考：
> 考虑你穿的一件衣服，追踪它的来源。这种材料所使用的纤维是曾经生长在田野里的、动物背上的还是来自油井底部？确定需要多少道工序才能穿上这件衣服。

第5章
人与生产

时尚和服装行业的人力因素是不容忽视的，全球有数百万人在这条价值链上工作。循环系统会对掌控生产的大型时装品牌和生产服装的低收入工人产生重大影响。但是，如果不建立牢固的社会基础，就不可能实现真正的循环。其中首先要确保整个时尚行业工作的所有员工的尊严，让他们都能得到尊重。

全球制造流水线

现代服装的制造已经形成了全球流水线，生产很容易分散。发达国家的公司将生产外包给发展中国家，而发展中国家的公司则将生产转移到国家内部或国与国之间，寻找最廉价的劳动力。外包经营的目的通常是节省开发、生产和固定成本。

外包：从外部来源，特别是从国外或非工会供应商处采购（如企业或组织所需的某些物品或服务）；把工作等承包给国外或外国工人。

——韦氏词典

用来区分发达国家和发展中国家的一个重要指标就是国内生产总值（GDP），即一个国家在一年内生产的所有商品和服务的美元总额。例如，美国、加拿大、澳大利亚、英国和德国等发达国家的国内生产总值和人类发展指数（HDI，是一种用来衡量预期寿命、教育和人均收入的统计数据）明显高于其他欠发达国家，这些发达国家基础设施更先进，经济更发达。

世界上大部分服装制造都在发展中国家，如孟加拉国、印度、巴基斯坦、越南、印度尼西亚、埃塞俄比亚、斯里兰卡和菲律宾。虽然服装制造为欠发达国家提供了急需的投资和就业机会，但这些国家之间的竞争也随之产生，主要的竞争点在于是否能提供最廉价的劳动力和灵活、不受管制的工作条件。现行制度下服装行业存在工资低、就业无保障、工作时间长和工作条件危险等问题。

时尚产业从线性经济向循环经济过渡，将有可能改善环境和人们的生活。作为联合国环境规划署下的国际资源小组指出，更有效地利用资源（如循环时尚模式）可以在2050年之前使全球经济规模增加2万亿美元（1.5万亿英镑）。[67] 例如，将回收材料转化为高价值产品的企业预计将提供新一波的制造工艺和就业机会。

人

在时尚业努力寻找各种"设计出"废品的方法的同时，也需要"设计出"当前体制下的社会不公。虽然人们经常关注循环的潜在环境效益，但很少关注为劳动力创造更好的生活。只有把人放在循环时尚系统的核心，才会出现左图: *2013年6月, 在达卡服装厂灾难中丧生的孟加拉国工人的亲属在举行抗议活动, 那场灾难造成了1134人死亡。*

右图: *来自布莱尼·波特 (Bryony Porter@Tickover) 的刺绣激进主义。一部分利润被捐赠给像 "标签背后的劳工" (Labour Behind the Label) 和 "灭绝叛乱" (Extinction Rebellion) 这样的组织。*

以人为本的机会。

企业社会责任并不是什么新鲜事, 但随着新一代消费者逐步意识到行业的环境、政治和社会问题, 品牌越来越需要对它们在其经营所在社区的所作所为 (或不作为) 负责。正如著名的潮流预言家李·埃德尔科特 (Li·Edelkoort) 所言: "一件需要播种、种植、收获、梳理、纺纱、编织、裁剪、缝合、加工、印刷、贴标签、包装和运输的产品, 怎么可能只花几欧元就买得到呢?" [68]

服装工人

服装工人是生产服装的人, 不像时装设计师、服装裁剪师或服装定制师, 能因自己的技能而受到赞扬和奖励。他们处于制造过程的最底层。服装工人可能是在大型工厂担任核心工作的人, 可能是小公司的合同工, 也可能是一些在家工作的分包商 (授权或未授权)。未经授权的分包是现行制度中的一个常见问题, 将生产成本的负担从制造商转移到工人身上。一些最严重的劳工虐待问题常常发生在未经授权的分包中, 且没有任何形式的审查和问责。

许多服装工人仍然面临工厂火灾和使用危险化学品之类的危害。据估计, 全球时尚供应链中约有2700万工人正遭受与工作相关的疾病折磨。每年在时尚行业的工作场所大约有140万人受伤——相当于每100名工人中就有5.6人受伤。[69] 这些工人——大部分是女性——几乎没有权力或工作保障, 而且经常遭受歧视。

商会或工会是一群工人聚集在一起, 就他们的工作条件做出集体决定, 并保护自己的权利。由于整个供应链的竞争压力, 大多数服装工人不属于工会。为了保持劳动力的廉价, 服装制造商更希望他们的供应商是反对工会的, 并且通常不允许他们的工人成立工会。因此, 为了改善工作条件, 必须赋予工人权力, 让他们有发言权, 并通过公平和统一的程序来解决他们最关键的问题。在世界范围内, 有很多例子表明: 组织、行动主义和信息意识可以共同改善工人的生活。

"谁制造了我的衣服" 时尚革命运动旨在增强服装工人的权力，并挑战消费行为。

左图："标签背后的劳工"是全球工人权利的倡导者。

组织

虽然虐待工人的现象尚未完全解决，但工会、劳工活动人士都在行动，最重要的是，组织工人自己也在采取行动。

"清洁服装运动"（The Clean Clothes Campaign）是服装业最大的全球工会联盟，致力于提高全球服装和运动服装行业的人权问题，赋予工人权利，改善工人的工作条件。

国际劳工组织（The International Labour Organization）成立于1919年，是一个联合国机构，它将各国政府、雇主和工人聚集在一起，制定劳工标准、政策和方案，促进所有人体面工作。

"标签背后的劳工"（Labour Behind the Label）是一家总部位于英国的非营利劳工组织，专注于通过发布报告和发起活动来支持全球服装行业的劳工权利。

总部位于美国的国际工人权利组织团结中心（The Solidarity Center）已经对6000多名工会领导人和工人进行了消防安全方面知识的培训，帮助赋予工厂底层工人监督危险工作条件的权力。[70]

工人权利协会（The Worker Rights Consortium）进行了独立、深入的调查。它发布关于服务于主要品牌的工厂的公开调查报告，帮助这些工厂的工人结束劳动虐待并捍卫他们的工作场所权利。[71]

*左图和右图：*通过揭露令人不快的真相，"时尚革命"鼓励服装工人作出改变。

全球贸易劳工联盟（IndustriALL）代表来自140个国家的5000万工人，涉及纺织、服装、皮革和鞋类等多个行业。它在世界各地为工人争取更好的工作条件和工会权利。[72]

维权主义

维权主义是指采用强有力的运动带来社会或政治变革。2013年，孟加拉国纳普罗扎（Rana Ploza）服装厂大楼倒塌，促使公益组织"时尚革命"（Fashion Revolution）发起了"谁制造了我的衣服"运动。该活动的目的是团结时尚界的所有人，从设计师、制造商，到分销商和穿着者，共同努力改变服装的采购、生产和消费方式。这场运动的势头非常强劲，以至于服装工人自己也在使用"我为你做衣服"等措辞的海报，以提醒人们注意供应链透明度。

信息意识

让消费者和政府了解服装工人的生活和工作条件也是引起人们关注这些问题的一种方式。《服装工人日记》（GWD）是一个拥有印度、柬埔寨和孟加拉国工人的工作时间、收入和支出的可靠数据的研究项目。该项目的目标是利用这些数据，通过政府的政策决定、集体协商、工厂和品牌倡议来改善服装工人的生活。

生活工资

根据《世界人权宣言》第23条："从事每份工作的人都有获得公正合理报酬的权利，以确保自己和家人享有的人格尊严。[73]

从事低薪工作的家庭和个人，收入往往不足以满足基本的生活费用水平。如今，大多数服装工人的工资远低于最低生活工资（支付自

ELLA PADS

　　成立于2015年的ELLA PADS提出一种积极的循环解决方案，以解决严重的环境浪费问题和服装女工面临的社会障碍问题。孟加拉国服装女工每个月平均3~4天无法工作，因为许多工厂没有为妇女提供卫生设施，她们也没有卫生用品。该公司利用来自孟加拉国达卡萨阿拉时装有限公司工厂的服装废料，生产低成本的卫生巾和内衣。这些产品的主要特点是它们是由女性工人制造、拥有和使用。[75]

　　己和家人的食物、水、医疗保健、服装、电力和教育等基本需求所需的最低收入）。支付最低生活工资可以改善时尚产业供应链上数百万人的生活，让他们摆脱贫困，推动社区内的经济增长。

尊重、安全和有保障的工作环境

　　许多工人不仅面临安全隐患，而且工作时间长，并因工作场所受到歧视。全球2/3的制衣工人是女性。通常，一些技术含量较高的工作（如裁剪）由男性完成，而女性则承担了缝纫等基本工作。在服装生产需要高级技术技能的地方，男性就会取代女性，结果使男性有了更多学习新技能的机会。[74]

生产

　　生产是将设计概念转化为有形的、可销售的产品的过程。大多数情况下，从一小组样品或原型开始，以一定商业数量的商品结束，通常有多种尺寸、颜色、印花和图案。快时尚的大规模生产已经直接影响了每件服装的质量，以及从纺织品到成品的价值。在为消费者提供了大量选择的同时，服装的大规模生产也导致了大量的浪费。未使用、未售出的服装不仅污染环境，而且给制造商、分销商和零售商造成了巨大的经济损失。

越来越多的小企业，以及一些全球最大的时装公司，如耐克、李维斯和奢侈品集团开云集团，都采用了循环经济承诺，这些承诺对其供应商和生产过程产生了深远的影响。用透明度代替一般企业的社会责任（CSR）声明，并承担创新再生生产方法的风险。例如，使用再生纤维制作新服装。这些企业已成为循环时尚的领跑者。

透明度

时装公司对供应商在供应链知识方面的投资，是强大的人权和劳工权利管理体系的关键支柱。为了确保服装工人的权利得到维护，发达国家的公司要了解发展中国家的哪些工厂负责生产他们的产品。如果处于价值链上游的公司仍旧对其供应商一无所知，那么几乎没有办法能确保服装工人不受剥削。

投资透明度代表公司愿意对消费者、社会公民和员工负责。这也使这些公司更易于合作，以确保工人的权利得到维护。公开一份包含供应商业务名称和地址的供应商名单，可为关心道德和可持续商业行为的消费者树立信心。供应商的透明度给工人带来希望，公司可以听到工人的心声，并进行干预以改善条件。尽管有很多优点，但在当前的时尚供应链中，供应链的透明度和可追溯性仍然是一项自愿措施。

瑞典男装品牌Asket开发了一个可追溯性评分，将每件服装分为4个主要类别：制造、织造加工、原材料和辅料。每个类别又被分为各自的子流程，每个类别最多有6个子流程，这些子流程会根据公司对服装的了解程度进行

与消费者共享供应链可追溯性和透明度信息：

产品信息

成分、产地、制造商详情

社会信息

所有供应商的名称和地址，社会认证或检查

环境信息

碳足迹、环境认证、回收数据

供应链上企业的共享信息：

产品信息

成分、产地、制造商详情

社会信息

所有一级、二级、三级供应商的名称和地址，社会认证或检查

环境信息

碳足迹、环境或社会认证、回收数据

质量信息

审核报告和测试报告

处理信息

相关的流程细节、追踪、规格

跟踪和评级。最终结果是一个可追溯性分数。

可追溯性: 识别和追踪产品、零件、材料和服务的历史、分布、位置的应用。

国际标准组织9001：2015

环境损益

一些品牌目前正从财务角度评估它们对气候变化、污染和用水等环境问题的贡献。现行企业会计核算方法没有捕捉到公司对自然系统的影响和依赖，所以品牌必须找到量化这些信息的方法，并计入他们所有的产品。2011年，彪马（Puma）发布了第一份环境损益（EP&L）报告，奢侈品集团开云改进了该方法。

为了促进对自然资本的评估，开云集团创建了EP&L会计工具，用于衡量、货币化和管理供应链上的环境影响。开云集团分析了从原材料到产品交付给客户整个流程对环境的影响，包括物流和商店。通过评估和深入了解，能够作出更好的决策，以减少该集团的有害影响。开云集团公布了其EP&L方法，以提供一个开源工具，鼓励其他公司也去了解自己对自然资源的整体影响。

古驰是奢侈品集团中第一个采用原始数字（EP&L）的品牌，并在自己的开源平台上发布了该品牌的数字环境损益账户。Gucci-Up是一项循环经济倡议，主要致力于对生产过程中废弃皮革和纺织品的升级再利用。自2018年以

来，该公司一直重复使用皮革废料，在计划实施的第一年就使用了11吨皮革废料。此外，用于古驰金属配件的高质量电镀材料，66%的钯涂层现在可被回收利用和追溯。⑯

本地生产

本地生产或近地生产是指公司决定将工作转移给地理位置较近的供应商（例如，邻近国家）。地理上的邻近可以降低运输成本，消除或降低货币汇率、税收和关税。文化相似可简化沟通，包括可以更好地理解供应链业务的相关法律和立法。

从"获取、制造、弃置"的线性生产模式转向循环经济模式，将涉及更多的产品回收、修复、再利用和再制造。反过来，这又将增加私营和公共部门组织使用本地采购的材料，利用这个机会来获得新的收入流和更有效的供应链。全球供应链正变得不那么可行，新型冠状病毒肺炎（COVID-19）可能会加速这一转变。

新兴的近岸产业可以为循环产品创造新的市场，重点是产生本地材料循环并缩短供应链。在当地车间和制造厂提供工作岗位，可以使生产更接近消费者。要实现这一目标，地方政府和服装行业需要对劳动力进行制造所需技能和能力培训。

加强生产和消费的紧密结合，除了可缩短供应链和创建本地闭环物料循环之外，还有几个优势——易于沟通、改善环境和提高资源利用效率。然而，对全球生产和高昂的劳动力成本来说，可能是一个竞争劣势。

工业4.0

18~19世纪，工业使用水、蒸汽和电力来促进机械化生产。20世纪中叶，第三次工业革命催生了以电子为主导的信息技术。第四次工业革命，即工业4.0，是由物联网、云计算、3D（三维）打印和自动化等技术融合驱动的，所有这些都促进了一个充满可能性的全新世界。

物联网

物联网是一种联网能力，它可以分配信息发送到对象和设备，也可以从对象和设备接收信息。

—— 剑桥词典

智能设备提供了一种有效的收集、整理和分析数据的方法，可以直接改善生产流程。智能设备可直接放置在工厂车间，例如，通过将数字自动化集成到缝纫机中，工厂经理可以简化工作流程，节省时间和资源。如果一台缝纫机的断针率较高，工程师可以迅速诊断问题，并立即查明原因。

云计算

云计算是指使用互联网上的计算机程序等服务，而不是购买并安装在计算机上的服务。

—— 剑桥词典

科技在提高供应链效率方面发挥着不可或缺的作用，共享信息可以减少过剩库存、减少降价（降价商品）和垃圾填埋，简化流程。有些技术可以实现从设计到分销的透明化，使服装制造商能够通过数据分析管控风险，并通过手机获取实时更新。谷歌云服务与设计师斯特拉·麦卡特尼合作，开发了一个利用数据分析帮助品牌评估生产过程对环境影响的工具。数据来自多个关键测量点，如水流量、土壤质量、废弃物和温室气体排放量。

3D打印

自2010年以来，3D打印技术为时装秀带来了一波新的创意浪潮，作为一种为消费者量身定制的全新解决方案，它有着巨大的潜力。2011年，荷兰设计师艾里斯·范·荷本（Iris van Herpen）与英国建筑师丹尼尔·韦德里（Daniel Widrig）在一场名为"结晶"的成衣秀上展示了第一批3D服装。

3D打印：以数字模型文件为基础，运用规格沉积材料（例如，塑料），通过逐层打印的方式来构造物体的技术。

——韦氏词典

现在3D打印技术已经非常先进，耐克、阿迪达斯、新百伦等运动鞋品牌都在使用这项技术。

例如，使用3D打印技术来配置鞋子的结构，使其性能最大化，或者根据顾客的脚来打印鞋底。该技术也可用于原型制作，或用于制造复杂或技术性部件的模具。像卡地亚（Cartier）这样的奢侈珠宝公司也会使用3D打印技术，既节省时间又降低成本。

在大多数情况下，3D打印用于刚性设计或生产几何形状。服装需求的灵活性是设计师使用这种技术制作服装需要克服的最大挑战之一。为了克服刚性，大多数3D打印的服装都是使用网格系统构建的，这些网格系统经单独打印后再组装成服装。

3D打印的环境优势在于对场所没有特殊要求，可以在从家到零售店的任何地方进行，从而减少运输带来的碳排放。3D打印也仅使用其需要的材料，从而减少了浪费。现在，传统的塑料不再是唯一可用的材料，许多可生物降解的长丝都是由回收材料制成的。遗憾的是，目前的3D打印技术由于生产时间久、能耗高，对温室气体排放有负面影响。

自动化和机器人

许多行业专家认为，自动化（引入自动化机器）和供应链生产环节的数字化为制造商和供应商提供了重大机遇。一些人认为，未来的工厂，即所谓的智能工厂，将会完全自动化，拥有自我服务和自我修复的系统，需要的人工干预最少。自动化带来的好处有减少浪费、更好地利用能源、减少与劳动力相关的问题，提高产量和生产效率等。

虽然快时尚服装零售商以缩短产品生命周期和交付周期而闻名，但在未来，机器人可能会根据消费者需求，通过提供更快、更个性化的生产，让服装行业重新洗牌，确保减少不必要的库存浪费。

交付周期：从某一产品的最初设计或想法开始到实际生产出成品之间的时间。

——柯林斯词典

亚马逊（Amazon）正在逐步开发集成系统，一旦客户下了订单，就可以快速生产服装，从而减少生产时间。该公司获得了一项专利，该专利设计了一套由计算机控制的纺织打

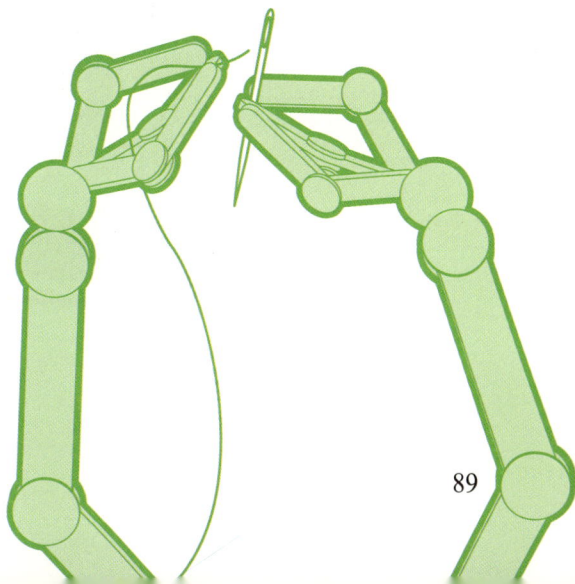

上图： 一个由SoftWear Automation公司研发的缝纫机器人在工作。　**下图：** 2012年推出的Nike FlyKnit运动鞋。

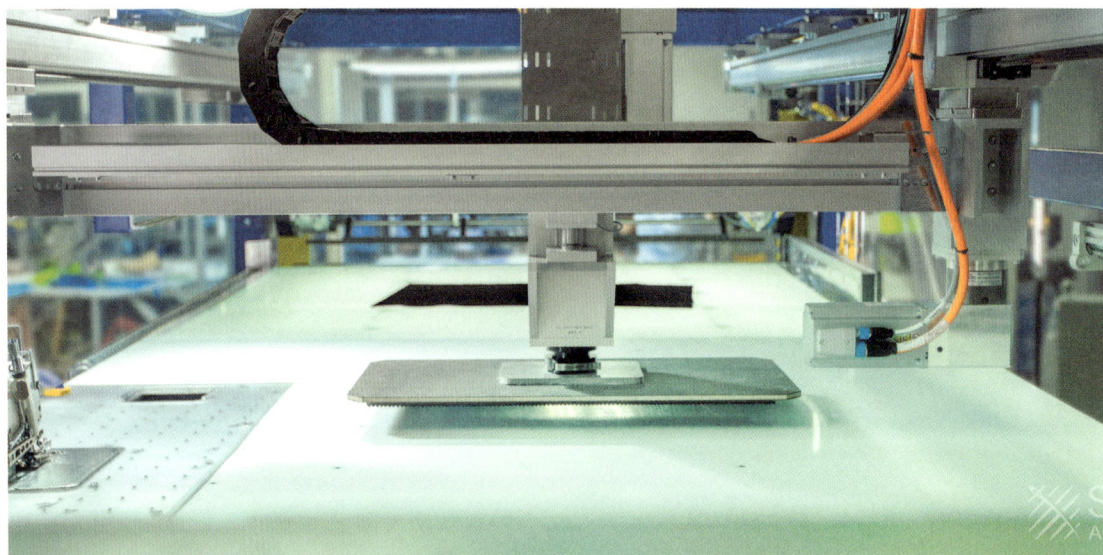

印机、纺织切割机和缝纫机组装的生产线系统。另一项专利是一套使用了荧光墨水作为裁剪织物指南的系统。这些墨水在普通光线下是看不见的，但一旦织物被紫外线照射，图像传感器就会产生指令。

自动化也有潜在的缺点。时装公司若采用更多地依赖机器的生产系统，有可能会加快生产速度，缩短时装周期，对环境造成更大的负面影响。对工厂劳动力实施自动化可以最大限度地改善工厂劳动条件，但同时也存在因失业而扰乱服装行业的风险。

当使用新技术取代旧系统，或者旧机器无法修复时，可能会出现技术报废。机器的一些部件可能由稀有元素制成，如金属、阻燃剂和化学品，这些都会对环境造成破坏。如果不能得到适当的循环利用，它们会渗入土壤，污染土壤和水源。人体健康也可能受到损害，因为其中一些元素是致癌的，会损害神经系统，会引发疾病。

缝纫机器人

缝纫是服装制作过程中劳动最密集的步骤，占每件服装总劳动时间的一半以上。能否减少劳动时间主要取决于产品类型和设计：例如，缝制一件基本的和服上衣显然比缝制一件有许多接缝的定制夹克花费的时间少，而且更容易编程。据估计，简单的服装缝制有90%都可以实现自动化。

美国的机器人缝纫公司SoftWear Automation已经开发出全自动的Sewbot®机器人。它创新的摄像头可以帮助缝纫机器人随时追踪缝线的位置，并在织物拉伸或移位时采取纠正措施。该公司的数字T恤机器人Sewbot®是完全自动化的，只需要一个操作员，就可每22秒生产一件完整的T恤。一件T恤的人工成本约为33美分（约25便士），而使用缝纫机器人时成本则

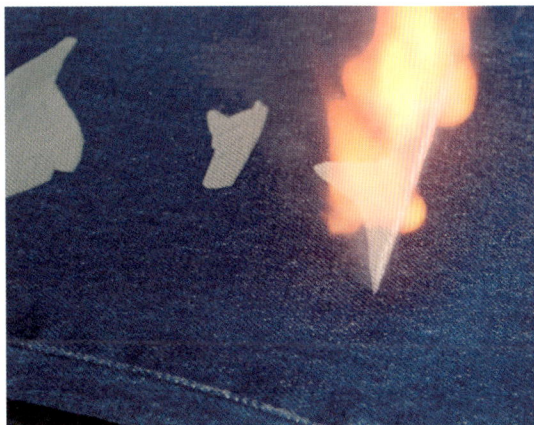

李维斯使用激光印花技术完成了一条牛仔裤。

降至5美分（约4便士）。

然而，缝制机器人可能会对服装行业造成负面影响，特别是在孟加拉国、巴基斯坦和印度等国。根据"清洁服装运动"的数据，这三个国家有多达2700万个工作岗位可能面临风险，尤其是孟加拉国，该国制衣行业目前雇佣了该国2.5%的人口。[77]

按需编织

随着编织技术的进步，如今可实现自定义编织并改进编织的合身性，例如，无缝编织，计算机编织或3D编织。这些进步与互联网上的开源信息相结合，使服装产品定制变得更加普遍。可以直接在针织机上做成衣。"按需编织"的商业模式是指店内有生产设备，客户可以参与设计过程，成衣可根据实际需求进行定制。

耐克的Flyknit产品线采用了100%回收聚酯纤维的计算机编织工艺，从垃圾填埋场回收了超过40亿个塑料瓶。[78]

后整理

传统的印染技术需要大量的水、化学品

和染料，而自动化整理大大减少了这些资源的使用。自动化整理技术，如数字印花和激光印花，具有节约资源、成本效益高、劳动力需求少等优势，这使得整理过程更易于完成。李维斯用激光在牛仔裤上进行数字化设计，无需人工。这项技术不仅减少了有害化学物质的使用，还将牛仔面料生产过程中的劳动密集型工序从18~24步减少到仅3步。

再制造

工厂经常会低估生产剩余物的数量，导致行业亦会低估。织物生产和图样裁剪经常产生大量的废弃物。消费前废弃物是指在工业或制造过程中残留的废料。这种纺织废料的再制造可以减少工厂的废料（工厂地板上的残留物）和生产过程中原始织物的总使用量。通过对产品、材料或零部件的再制造，企业延长了这些元素的使用寿命，从而为循环经济做出了贡献。

再制造：将（被制造的材料或产品）

再次进行制造的过程;用可回收的材料或部件制造。

——牛津字典

逆向资源（Reverse Resources）是第一个为全球时尚公司提供产业升级服务的在线市场。它是面向大型纺织品制造商的废物清点服务，并将剩余产品的信息提供给品牌设计师，品牌设计师随后可以通过其供应链追踪消费前的废弃物。该平台识别出可用于批量生产过程的三种可重复使用工厂剩余物的方法——隐形再制造、可见再制造和设计主导的再制造：

- 隐形再制造在服装的内部使用剩余的面料。
- 可见再制造在服装的外部使用剩余的面料。
- 设计主导的再制造是在设计服装时考虑到特定的废物流。

思考：
机器人是未来的方向吗?讨论机器人取代服装工人在时尚行业的优点和缺点。

再制造过程

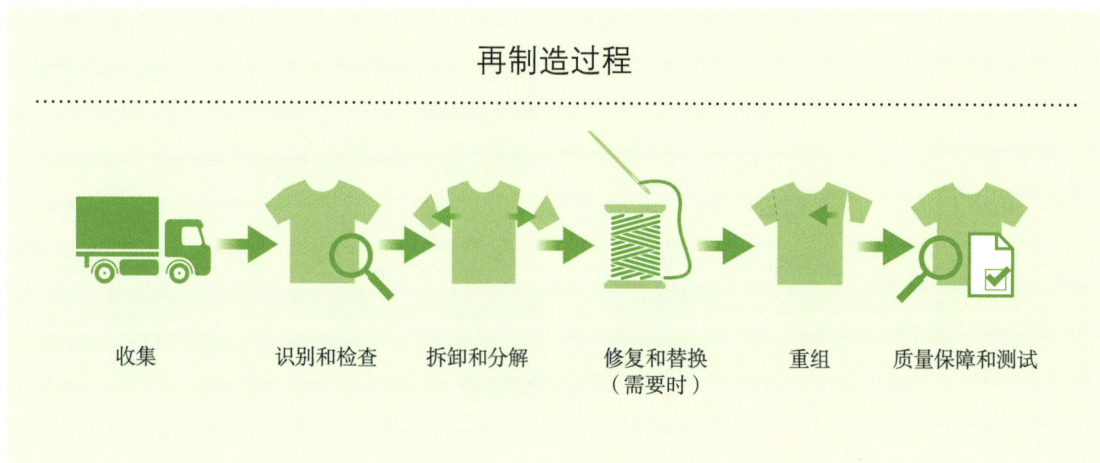

收集　　识别和检查　　拆卸和分解　　修复和替换（需要时）　　重组　　质量保障和测试

循环设计领导者：卡维·萨默斯（CARRY SOMERS）和奥索拉·德卡斯特罗（ORSOLA DE CASTRO）

2013年，孟加拉国拉纳普罗扎工厂倒塌的恐怖事件发生后，卡维·萨默斯和奥索拉·德卡斯特罗决定采取行动。作为回应，他们发起了一场全球行动主义运动——时尚革命（见第83页），目的是彻底改变服装的采购、生产和消费方式，同时帮助工人、拯救地球。

目前，该组织由一个志愿者团队组成，这些志愿者在全球各地的时尚界开展业务。他们在一些最贫困的地区拥有广泛的影响力并为改变而战。作为无声的拥护者，"时尚革命"已发起了一系列成功的运动，例如，"谁制造了我的衣服"，该运动鼓励品牌将制造服装的工人以及工人的工作条件透明化。

在创立"时尚革命"之前，萨默斯和德卡斯特罗都是更具人道德时尚产业的倡导者。萨默斯的帽子品牌帕查库提（Pachacuti）倡导完全透明的供应链，从种植秸秆的社区种植园到每个巴拿马帽子编织工的家，在生产过程的各个阶段都绘制GPS坐标。

德卡斯特罗的职业生涯始于担任再生品牌"From Somewhere"的设计师，该品牌于1997年创立，一直运营到2014年。在此期间，她与速比涛（Speedo）和Topshop等品牌合作，用废弃纺织品设计了系列产品。

案例研究#2：制造

米兰达·班尼特工作室：当地植物染料实践

2006年，时装设计师米兰达·班尼特（Miranda Bennett）从设计学校毕业后，就在纽约创立了自己的第一个服装品牌。她展示了一系列可折叠款式的多功能服装，发布会门票销售一空，独立精品店赢得了大量批发订单和忠实的追随者。在纽约工作了12年后，班尼特把公司搬到了得克萨斯州的家乡奥斯汀，希望在时尚界找到一种更有意义的工作方式。她创办了米兰达·班尼特工作室（MBS），一个将高质量设计美学与循环生产实践和环境管理相结合的服装团队。MBS避开了业内许多人青睐的内置式陈旧模式，通过提供一季又一季的核心款式，鼓励更有意识的消费。

使用天然染料是该品牌精神的一个重要精髓。2018年秋，班尼特带着她的整个团队来到了一个商业农场——三溪农场（Three Creeks Farm）。许多年前，班尼特与多元文化难民联盟的非营利社会企业——新叶（New Leaf）建立了"从农场到生产者"（Farm-to-maker）的合作关系，他们一起利用社区花园为难民家庭提供有机、可持续农业方面的培训。现在是收获有机种植的墨西哥薄荷万寿菊（香叶万寿菊）的时候了。

MBS团队与农场的学徒们并肩工作，采集带有黄色小花的植物，并收获了当季的染料作物。他们将这些天然染料带回工作室，制备、浸泡，并提取颜色。这种浸泡植物的水变成了染料浴，为服装、配饰甚至指甲提供了独特的柑橘色。

植物染料染色需要时间和耐心——有些染料需要长时间浸泡，而有些染料可以直接压烂——对班尼特本人来说，植物染色提供了一种"让她的手重新投入到染色过程中"的体验。成功驾驭植物染色要反复试验，也可能经历无数次失败，但班尼特喜欢她最终取得的"明亮而自然"的结果。更重要的是，植物染色避免了使用有毒化学物质，为穿着者创造了更有意义的服装。

班尼特表示，这种植物染色方法的唯一缺点是"不得不重新唤醒人们丢失的关于如何穿着和护理植物染色服装的知识。植物染料的衣物与合成染料衣物有很大的不同：它们对酸性物质或过度的阳光很敏感，随着时间的推移颜色逐渐氧化会形成阴影等。作为品牌，我们要帮助我们的客户重新理解这些特性，让他们知道这些不是缺陷，而是天然染料有机、鲜活品质的表现。"

未来的计划是使用零废弃染料，这些染料是其他行业的副产品，例如，锯末、磨木、鳄梨果核和一些果皮。

讨论问题

1. 米兰达·班尼特工作室是如何通过当地化生产为当地社区和环境做出贡献的？

2. 与传统的合成染料相比，天然植物染料的优点和缺点是什么？

最上面的图：采集可以形成天然染料的万寿菊，亲近大自然。

上图：天然染料是在小桶中配制的，以便可持续染色。

右图：符合道德标准的Cassatt连衣裙，设计简单优雅，具有多功能性。

第三部分

市场

第6章
物流和运输

商业物流：从符合客户需求的角度出发，对货物、服务和相关信息从生产点到消费点的高效、有效流动和存储进行规划、实施和控制的过程。
—— 法律词典

商业物流的功能

从农场到工厂，时装供应链的各个阶段都朝着循环发展迈进了一大步。但是产品是如何从A点到达B点的这一关键环节却经常被大家忽视。

物流

"物流"一词经常出现在货运卡车或货船的侧面，但其含义不仅仅限于运输。以服装公司为例，这个词描述了货物从生产点到消费点的流通和储存的所有环节。广义的"物流"是指协调和管理资源如何获得、储存和运输到最终目的地的过程。

商业物流有各种功能，必须适当地管理，以确保有效、高效的供应链。例如，以订购成衣为例，这些功能可以分为以下几类：

1. **订单处理**：接受客户的订单并将其放置到仓库。如果零售商订购10件衣服，仓库会自动从库存中扣除10件衣服。

2. **物料搬运**：有组织地安排仓库内所有服装的库存，这样可以方便分派物品。

3. **仓储**：把所有的服装储存在一个仓库中，可以保证它们的安全，直到在之后某个日期它们被出售或者分发。

4. **存货管理（又称库存控制）**：持续监测消费者对服装的需求，确保服装可供出售。

5. **运输**：服装从仓库到零售商或者到最终客户的实

商业物流

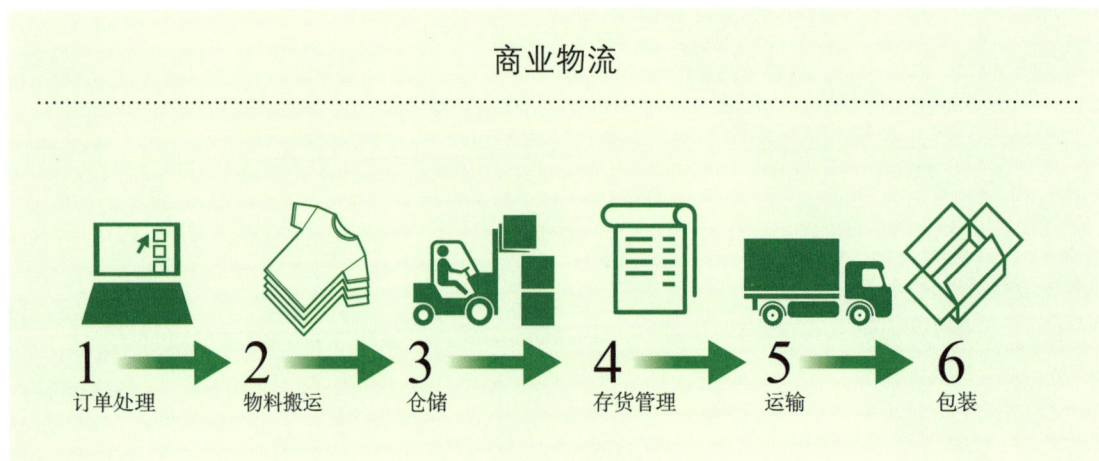

| 1 订单处理 | 2 物料搬运 | 3 仓储 | 4 存货管理 | 5 运输 | 6 包装 |

际运输，可能需要多种运输方式。

6. **包装**：运输包装是为了保护服装，保护它们从仓库转移到零售商或者最终客户手中时免受损坏。

无论一家公司多么注重产品的设计和生产，最大限度地满足客户的需求。但若这些服装不能到达顾客手中，也注定是失败的。全球化、技术化和加速上市的模式导致了整个时尚行业物流过程的复杂性。

快速响应市场的物流

当前快节奏时尚产业创造了对时间非常敏感的时尚商品，需要快节奏的方法和产品交付模式。

为了在纽约、伦敦、米兰和巴黎等传统时尚之都以及越来越多的地域市场举办时装秀，季节性时装日历需要快速周转。设计、面料、样品必须在短时间内，且安全的条件下，运送给制造商，并将做好的成衣送回设计师审批和修改。

时尚买手们订购这些新系列的款式，并将这些产品批量交付给零售商。媒体对时装秀场报道所引发的热度，对相关市场颇具影响力。此外，快时尚零售商也参与竞争，他们通常生产更廉价的相似款式。

社交媒体也给消费行为带来了很多变化，其中之一就是对即时性的需求。一件Instagram上的网红或名人穿着的裙子必须迅速生产出来并立即上架。英国在线零售商ASOS和Zara等快时尚公司完全是建立在快速上市的理念上的。

尽管时尚产业昼夜不停地为全球消费者提供新款式，但在"最后一英里物流"中，尽可能快地交付货物对环境造成的影响不可忽视。

（"最后一英里"是指交付过程的最后一步，从设备到最终用户。）商品的持续流动将消费主义推向边缘，国际空运和公路运输模式导致了温室气体大量排放。

多变的消费者和宽松的退货政策使时尚业的物流变得更加复杂。在过去的20年里，网络购物发展迅速，退货方便且免费。"时尚革命"的公路试衣视频展示了女性在公路上试穿衣服的场景，以此警醒大家虽然在家试穿衣服既方便又有趣，但运输时装商品的卡车污染了大气，加剧了全球变暖。

包装

在决定如何将时尚产品运送给消费者时，包装材料是一个至关重要的考虑因素。[79] 塑料袋、纸信封或硬纸盒通常是邮寄包装的普遍选择。

纸信封或者硬纸盒看起来比塑料袋更环保，因为它们是由可再生资源制成的，可以生物降解并回收利用。但是它们比一次性塑料袋需要更多的能源来生产。另一方面，塑料是不可再生资源，塑料可能需要几十年甚至几百年才能降解到土壤中。塑料还会进入我们的水道，并分解成微塑料进而污染海洋。

令人惊讶的是，许多科学研究表明，塑料购物袋导致的碳足迹和全球变暖的可能性要远低于纸和可重复使用的纸袋，如果这些可重复使用的材料不重复使用多次的话。许多包装公司和配送公司提供可回收的塑料邮寄袋，但这些塑料邮寄袋仍然依赖于不可再生的石油资源。

重新考虑包装

值得庆幸的是一些公司正在重新考虑这些

传统的包装方法，进而创造出更可持续的包装替代品。例如，芬兰的Repack公司已经为电子商务零售商创造了一种摆脱一次性包装材料的方法。受食品店可回收瓶子计划的启发，公司使用由回收的聚丙烯、聚乙烯和纸板制成的RePack信封来寄送商品。之后，客户可以很轻松地将信封退回RePack公司，这样信封就可以重复使用多次。作为返还信封的奖励，客户会收到一张折扣券，可在执行该计划的特定零售商处使用。一旦信封不能用了，RePack公司会将它升级再造，并用于背包产品中。

Duo UK是一家塑料包装制造商，使用绿色PE（一种由甘蔗制成的热塑性可持续树脂）生产再生塑料袋和邮寄袋。

塑料衣架

大多数衣架的制作目的是防止衣服在从工厂运输到配送中心、再到商店、最后到消费者的过程中起皱。"挂衣箱"（GOH）是指工厂和仓库把衣服直接挂在衣架上进行挂装运输，这样当衣服到达零售商店时，销售员（店员）就可以直接把衣服挂起来，节约了时间。每一件衣服都挂在一个崭新的衣架上，出售时，也不需要额外再使用衣架了。

临时衣架是由聚苯乙烯等轻质塑料制成的，因为生产成本很低，所以制作新的衣架往往比建立回收系统更划算。由于许多塑料衣架是用不同的混合塑料制成的，因此很难回收。在一条快速移动的回收线上，分离不同种类的塑料非常困难。回收机对材料的处理很粗糙，大多数衣架在塑料分离步骤之前就已经成碎片了，因此无法识别塑料。

据估计，每年生产和销售的塑料衣架和钢丝衣架有80~100亿，其中却只有15%被回收。剩下的去哪里了？塑料衣架通常会被扔进垃圾填埋场，它们向环境排放苯和双酚A（BPA）等有毒化学物质。钢丝衣架通常不能被机器回收。

法国设计师罗兰·穆雷（Roland mouret）与阿姆斯特丹初创企业Arch & Hook合作推出了衣架Blue，这款带有金属挂钩的衣架80%由来自河流的塑料垃圾制成。衣架的使用寿命是可循环的，它可以在使用后不断回收利用，而灰石色意味着它在生产过程中没有受到化学物质的影响。

机器人

服装上市快，对物流速度和准确性的要求就越来越高，机器人主要用于配送中心的工作，确保物流的安全性、高效性和准确性。机器人可以更快地对进出库的包裹进行分类，将它们整理到合适的货架或者集装箱上，并且确保包裹没有任何缺陷。

可以训练协作机器人（Cobot）执行任务，通过人们引导机器人的手臂来学习动作，当它们撞到东西时会自动停止。机器人软件和3D激光视觉可以查看容器中的不同产品，并以高精度确定最佳的装卸顺序。

日本快时尚零售商优衣库（Uniqlo）在东京有一个仓库，几乎完全由机器人技术驱动。大型机械臂可以将成组的板条箱移动到传送带上，或者在运输前对包裹进行分类。这个机器人系统非常有效，以致于在2018年仓库的技术改进后，机器人取代了90%的工作人员。除了偶尔的维护工作外，该仓库具有24小时不间断运行的能力。

时尚业的自动化导致了大规模失业，尤其

工厂的工人为南非的高速绣花机准备布料。

对工厂的工人影响巨大。联合国国际劳工组织（ILO）2016年的一份报告显示，在未来20年里，柬埔寨、印度尼西亚、泰国、越南和菲律宾超过一半的工人（至少1.37亿人）可能会因为自动化而失去工作。[80]

第三方物流

第三方物流（3PL）是指使用外部公司来执行传统的在组织内部执行的物流活动。考虑到流程的复杂性，品牌商会聘请专业的物流公司来协助他们加快其供应链中的数据、商品和资源的流动。服装公司通常会选择将物流管理外包给专业公司。例如，香港供应链管理公司利丰有限公司（Li&Fung Limited）专门为全球领先的零售商和品牌提供大批量、及时的货品供应链管理和分销服务。他们将供应链的每个步骤数字化，这样数据就可以无缝流动，为客户提供端到端的可见性。

可循环的逆向物流

企业采用循环时尚模式必须充分考虑物流、拆卸、再利用、再制造的成本和复杂性，才能真正从线性模型转型。要调整和修改供应链才能实现回收产品和材料。

逆向物流涉及到产品的收集和分组，即产品或材料达到使用寿命后，是再使用，还是回收或退货。逆向物流是指货物收集、运输和分配到一个中心地点，并根据最终去向进行分类——回收、再制造或处理。它在服装生命周期的闭环中发挥着至关重要的作用，并最终使时装公司走向循环。

回收、保修和产品退货都需要逆向物流将产品从消费者处带回制造商处。从历史上看，如果产品被送回给制造商，就被认为是"朝着错误的方向前进"。例如，顾客退货政策以及如何处理退货一直是零售商关注的重点。退货的人力和物资成本，以及退货的服装可能不容易转售的风险，都会影响企业的利润率。

此外还有环境成本。供应链物流公司Optoro估计，仅在2018年，美国就产生了50亿磅垃圾，向大气中排放了1500万吨二氧化碳（CO_2）。[81]

可持续的回报

40%的网购者会购买新的包装，通常是纸板箱，用来退回不需要的商品。电子商务服务公司快乐退货（Happy Returns）开发了一种替代方案，顾客可以把不想要的商品装在由再生塑料制成的可重复使用的手提袋里，带到被称为快乐吧（Happy Bars）的退货地点。据公司估计，这些手提袋可以重复使用40~100次。2018年的一项环境影响研究得出结论，退货时不提供包装盒，每退回一件商品可以减少0.12磅的温室气体排放。[82]

温室气体：指任何能够引起温室效应的气体。由于地球周围空气中的气体，特别是二氧化碳（CO_2）的增加，而使地球大气层温度稳定上升的现象。
—— 牛津学习词典

EPR政策

今天，随着回收流程变得越来越普遍，纺织品废物越来越多。全球各地都采用了生产者延伸责任制（见第155页），让生产者负责处理或处置消费后产品。

生产者延伸责任制是一种基于生产者被赋予处理或处置消费后产品的重大责任，即财务或实际责任的政策。
——经济合作与发展组织

在法国，每5吨流通的物资中就有1吨是被浪费的。法国审查了现有的政策，得出结论：将某些商品消费后阶段的责任交给生产者，应该是减少浪费的一种选择。

在建立逆向物流之前，时尚公司需要评估它们现有的供应链。它们可能面临一些障碍，如要遵守规范的废物运输政策、回返物地域分布广泛、回收货物的质量和数量水平各不相同等。成本和劳动力方面的问题是由于规模不足所致，分拣工作需要大量人力，又需要额外的仓库空间。一些公司会通过与其他公司合作来分担他们的压力。

运输

交通运输是经济和社会发展、减少贫困、促进繁荣和实现可持续发展目标的关键驱动力。运输设施使商品和服务能在世界各地供应；帮助人们互相交流知识和商讨问题的解决方案。然而，交通运输是国家化石燃料（来自石油、煤炭或天然气）的主要消耗途径，约占全球石油消耗量的64%，所有能源使用量的27%，以及世界能源相关二氧化碳排放量的23%。[83]

碳排放：飞机、汽车、工厂等产生的被认为对环境有害的CO_2。
—— 剑桥词典

如果越来越多的时尚产品继续通过全球分散的供应链流动，那么在几年内，货运的需求将增长两倍。我们必须重新思考货物的运输方式，否则货运排放量将超过能源，成为碳排放量最高的行业。[84]

在规划运输方式时，公司可以从多种运输方式中进行选择：公路、海运、铁路和空运。

公路运输

公路运输是纺织品和其他轻工业产品（如服装）运输中最常见和最实惠的选择。卡车与火车站、航空、海港的时间表无关，可以灵活地安排运输路线。卡车载重优化或"整车装载"（FTL）可以降低运输成本、运输量和对环境的影响，减少卡车数量就意味着减少二氧化碳排放。

然而，即使经过优化，全球道路上的车辆数量也预计将在30年内翻一番，到2050年达到30亿辆。[85] 与之相关的是机动车道路运输造成的空气污染和出现各种各样的健康疾病，如心血管和肺部疾病等。黑碳（BC）是一种从汽油和柴油机中排放出来的黑烟物质，最近已经成为全球气候变化的罪魁祸首之一，可能仅次于二氧化碳。每年约有18.5万人死于机动车辆造成的污染。[86]

海洋运输

全球90%以上的货物都由船舶运输。由于面料、服装和配件的供应商和生产商来自不同的地区，一些大型工厂分布在全球各地，因此时装业会选择海洋运输。多式联运集装箱装载容量大，可以通过不同的方式运输、卸载或重新装载实现运输优化和高效率。

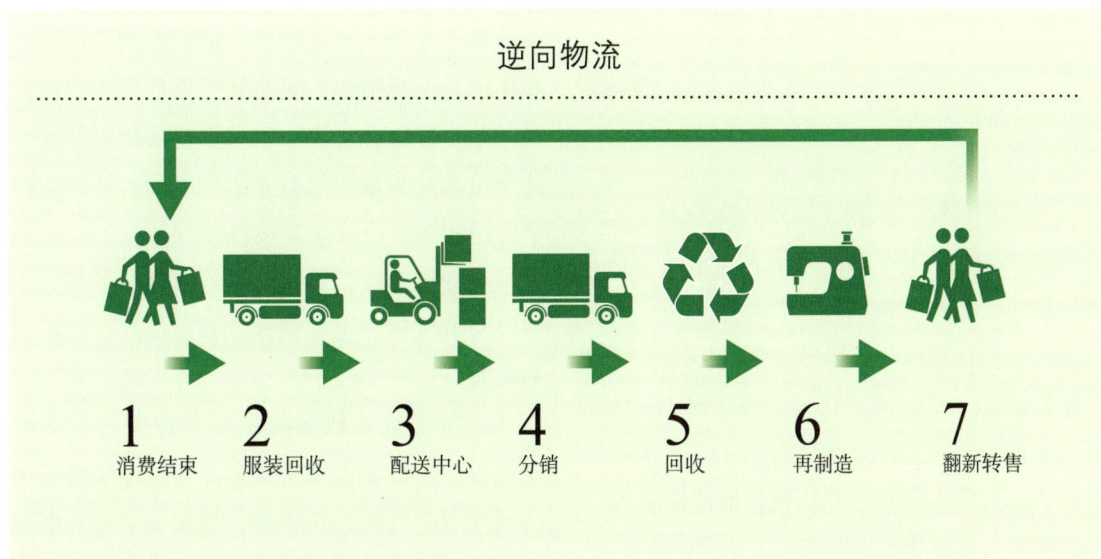

逆向物流

1 消费结束　2 服装回收　3 配送中心　4 分销　5 回收　6 再制造　7 翻新转售

然而，船舶的污染令人难以置信。它们排放：二氧化硫（一种与呼吸道疾病有关的污染物）、二氧化碳和甲烷。今天，海运所排放的气体占全球温室气体排放量的3%，占运输相关排放量的9%。如果不采取预防措施，据国际海事组织（IMO）预测，到2050年海运排放量将增加50%~250%。[87]

一些船运公司正在采取行动，减少贸易对环境的影响。例如，全球最大的集装箱航运公司马士基（Maersk）承诺到2050年完全实现碳中和。随着人们对清洁燃料接受程度的提高和技术的进步，清洁燃料的价格有望降低，而电池驱动的电力船也是短途运输的可行选择。

铁路运输

铁路运输适用于在一个国家内或毗邻国家之间的长途运输。列车的高速、客货列车车厢的舒适性及快速转运（从一列火车转到另一列火车）是铁路运输的优势。火车必须遵守严格的时间表，因此要仔细计划好交付期限。

转运：由一艘船、一列火车、一辆卡车转运给另一个。
—— 柯林斯词典

与其他运输方式相比，铁路运输对环境的影响相对较小，并且在长途运输中具有更高的燃油效率。根据美国环境保护署的数据，铁路运输只占美国温室气体排放总量的0.6%。[88] 因此将货运从公路运输转移到铁路运输，可大幅减少运输排放。然而，值得注意的是，铁路建设和货运可能会对野生动物栖息地造成破坏。

航空运输

快速进入市场的供应链和高级定制时装设计师通常都比较依赖货运飞机，认为这是最快捷的选择，但这其实是一种非常昂贵的国际运输方式。空运货物可在任何国际机场办理，有些品牌选择直接将货物送到仓库或最终客户的手中。

航空运输对环境的影响是非常明显的，其中二氧化碳约占飞机尾气的70%。[89] 尽管国际民用航空组织在《2019年环境报告》中表示希望减少航空运输业对环境的影响。但是目前航空运输很少使用更可持续的"电燃料"，所以航空货运向更清洁燃料过渡的选择并不多，预计不会迅速改善。一份2019年《欧洲航空报告》指出，如果不采取缓解措施，到2040年，整个欧洲的二氧化碳排放量预计将增加至少21%。[90]

绿色货运

在循环经济中，要实现可持续发展运输部门还有很长的路要走，但是已经出现了一些解决方案。致力于可持续性和循环性的公司将选择更安全、更清洁、更高效、更便捷的交通系统，减少拥堵和污染，以降低交通能源消耗，甚至可能给当地提供就业机会，同时努力实现联合国2030年可持续发展目标。

"绿色货运"是指一系列提高货运部门效率、降低成本、追踪碳排放和造福环境的技术和实践。

绿色货运计划将碳核算和披露与行动计划、协作、标签识别相结合。《全球绿色货运行动计划》于2015年启动，旨在为全球50多个

绿色城市必须设计可替代的、可持续的
交通系统。

组织和国家制订或调整绿色货运计划，为全球
和区域合作提供平台。[91] 这个计划的三个主要
目标是：协调和加强现有的绿色货运工作，制
订新的国际绿色货运计划，将黑碳减排纳入现
有计划。

　　"欧洲绿色货运"（Green Freight Europe）
是一个行业驱动的项目，旨在帮助企业改善其
在欧洲各地货运的环保表现。它们建立了一个
可监测和报告减少CO_2排放的平台，还建立了
一个认证体系，以奖励全面参与该项目的托运
人和承运人。[92]

碳计量：组织量化温室气体（GHG）
排放量，以便了解其对气候造成的影
响，并设定目标以限制其排放量。
—— 供应链解决方案中心，2019年

绿色货运实践

　　以下是货运业可以用来减少对环境影响的
一些做法。

优化和效率

　　优化车辆装载，避免空车返程，减少包
装的重量和体积，从而提高效率，减少能源
消耗。

近岸和上岸

　　当一个公司决定将工作转移到成本较低但
地理位置更近的地方，从而缩短货物的运输距
离时，就会出现近岸作业。例如，一家美国服
装公司可能会将其牛仔裤的生产从孟加拉国或
中国转移到墨西哥。

　　上岸作业将迁往海外的业务转移回原来的
国家或地区，以这种方式在生产者和消费者之

105

间建立起直接联系，缩短了运输距离，降低了间接成本。选择当地资源、产品和合作伙伴，可大幅降低长途运输的需求。

碳效率和多式联运

使用海运而不是空运，或者使用铁路而不是卡车运输，可以提高碳效率。

回收报废运输工具

对报废运输设备进行拆卸，对备件进行再利用，并对制造这些设备的材料进行再循环利用，这些都是必不可少的。米其林集团正在努力优化轮胎的回收利用——全球范围内每年回收1700万吨轮胎。通过其轮胎回收或TREC项目，该公司已经拓展了新的业务，如再生橡胶混合物，用以制造新的、更高效的轮胎。

绿色交通网络

由于交通技术的发展，现代交通正在经历重大变革。

超回路列车

这是由特斯拉汽车（Tesla Motors）公司和Spacex创始人埃隆·马斯克（Elon Musk）提出的一种新型交通方式，目前正在设计和开发，以替代航空旅行。超回路列车本质上是一种运输管道，可将乘客或货物以760英里/小时（1223千米/小时）的速度在加压轨道上运行。[93]

智能道路

智能道路本质上是通过智能技术增强的道路，代表了可持续能源增长的机会。例如，一条智能道路可以存储太阳能，并将该能量转化为电能，供车辆和周边基础设施使用。智能道路的典型特征是使用传感器和数据捕捉与车辆和人们进行通信。道路也可以对环境的变化作出反应。

磁悬浮列车

高速磁悬浮列车（简称"磁悬浮"）悬浮在轨道上方约4英寸（10厘米）处，由电磁铁

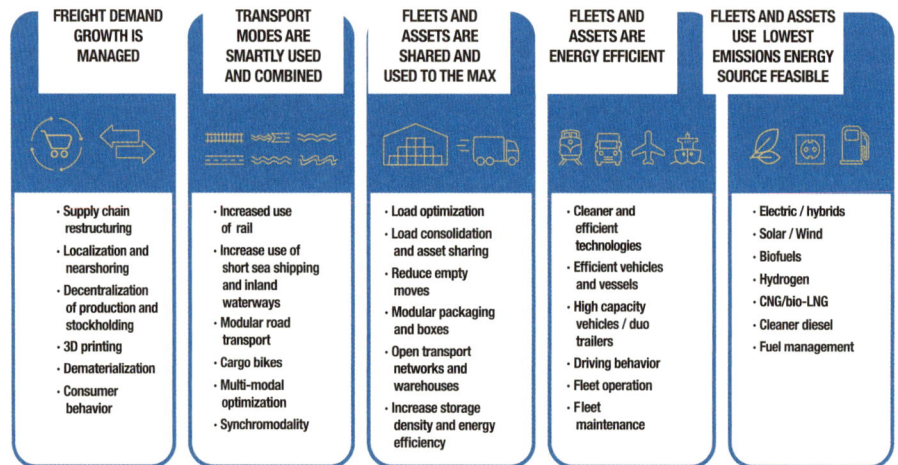

FREIGHT DEMAND GROWTH IS MANAGED	TRANSPORT MODES ARE SMARTLY USED AND COMBINED	FLEETS AND ASSETS ARE SHARED AND USED TO THE MAX	FLEETS AND ASSETS ARE ENERGY EFFICIENT	FLEETS AND ASSETS USE LOWEST EMISSIONS ENERGY SOURCE FEASIBLE
· Supply chain restructuring · Localization and nearshoring · Decentralization of production and stockholding · 3D printing · Dematerialization · Consumer behavior	· Increased use of rail · Increase use of short sea shipping and inland waterways · Modular road transport · Cargo bikes · Multi-modal optimization · Synchromodality	· Load optimization · Load consolidation and asset sharing · Reduce empty moves · Modular packaging and boxes · Open transport networks and warehouses · Increase storage density and energy efficiency	· Cleaner and efficient technologies · Efficient vehicles and vessels · High capacity vehicles / duo trailers · Driving behavior · Fleet operation · Fleet maintenance	· Electric / hybrids · Solar / Wind · Biofuels · Hydrogen · CNG/bio-LNG · Cleaner diesel · Fuel management

由智慧货运中心及ETP-ALICE提出的建设无碳未来的运输和物流战略。

© Smart Freight Centre and ALICE-ETP based on A. McKinnon 'Decarbonizing Logistics' (2018)   Roadmap Towards Zero Emissions Logistics 2050. ALICE (2019) www.etp-alice.eu

© Smart Freight Centre and ALICE-ETP based on A. McKinnon 'Decarbonizing Logistics'（2018）   Roadmap Towards Zero Emissions Logistics 2050. ALICE（2019）www.etp-alice.eu

未来超回路列车以节能胶
囊的形式高速运输人员和
货物。

DYNAMIC PAINT

❄ -5°

☀ 0°

☀ 20°

上图：在丹·罗斯加德
（Daan Roosegaarde）的
"智能高速公路项目"
（Smart Highway Project）
中道路温度标识符号向驾驶员传达警告。

驱动。磁悬浮列车能耗低，CO_2排放量较低，可以沿着现有的运输线路行驶，将土地消耗量降至最低。

据记录，这些列车以每小时375英里（600公里/小时）的速度行驶。计划于2027年建成的磁悬浮列车行程超过200英里（320公里），可以在40分钟内将乘客从名古屋运送至东京。磁悬浮列车有助于缓解道路拥堵、降低空气污染、减少事故发生。目前，磁悬浮列车已经在中国和德国投入运营，预计在未来几年内将成为全球通用的交通方式。

思考：
交通领域的创新和技术如何使我们未来的循环时尚经济受益？

上图： 零排放高速磁悬浮列车原型，中国山东省，2019年。磁悬浮列车由计算机算法引导。

循环领导者：达安·罗斯加德（Daan Roosegaarde）

荷兰发明家兼艺术家达安·罗斯加德的"智慧高速公路项目"采用了许多不同的举措来改造道路，如发光涂料、反光建筑。该项目将艺术和设计与可持续技术融合在一起，为未来构想更智能的基础设施，更清洁的能源并提高道路使用效率。

此外，达安（Daan）与宝马设计工作室（BMW Design Studio）合作，共同思考移动出行的未来，他是美国宇航局（NASA）创新团队的成员。他还与欧洲航天局合作开展了"太空垃圾项目"（Space Waste Project），该项目涉及太空垃圾回收利用。

达安是世界经济论坛的全球青年领袖，经常演讲分享他对构建一个更环保、更可持续的世界的愿景。

第7章
零售

零售业在循环时尚经济中发挥着关键作用，因为每天有数百万消费者在门店和网上购买他们的产品，并且对这些产品的社会和环境影响越来越感兴趣。对于零售商来说，这给他们带来了新的机会，要重新思考他们为客户提供的产品，建立新的收入来源，并采用对人类、地球和企业利润有益的商业模式。

零售现状

科技已经改变了消费者购买服装的方式，也改变了零售商与顾客互动的方式。例如，在互联网出现之前，消费者会在店内或通过邮购购买服装。如今，时尚消费者越来越多地在网上购买服装。时尚服装和配饰是全球在线购物中最大的类别。[94]

随着电子商务的兴起和消费者对便捷性和即时性的需求增加，零售业越来越难以激发和鼓舞那些目标性不强和过度刺激了的受众。许多零售商正遭受着无法与在线购物体验相竞争的20世纪零售模式的疲劳。传统的实体零售店正在过时，因为它无法适应新的零售现状——消费者选择更多和库存更新更频繁。

当今，时尚消费者正在寻求个性化的体验、独特的本地商品，并以身作则来减少环境足迹。有些消费者不仅从倡导社会和环境责任的零售商那里购买产品，他们甚至可能抵制与此行为相反的零售商。采用循环时尚模式（为自己的商品提供修理和转售服务）的零售商不仅能吸引新客户还能改善与现有客户的互动。

鉴于许多消费者仍然喜欢触摸、感受和试穿服装，零售商便有机会通过本地生产的商品或个性化的"感觉良好"的时刻来重新定义实体体验，向消费者展示他们的购买方式是如何避免垃圾填埋或抵消碳足迹的。如果零售商想表明某种道德立场，那么他们可以在实际空间中展示这种主题。斯特拉·麦卡特尼在伦敦的老邦德街商店内装有空气净化器，该空气净化器是由空气实验室技术公司（Airlabs）开发的，该公司是清洁空气技术的先驱，一直致力于减少店铺空气污染。商店的设计展示了手工制作的、有机的、符合道德规范的回收材料，体现了该品牌的时尚、奢华和可持续性内涵。

> **零售**：向最终消费者少量出售商品或货物的行为。
> —— 韦氏词典

循环零售模式

循环零售模式为零售商提供了一个模板，可以在满足新的消费者需求和促进可持续增长和创新的同时创造价值。从环境的角度来看，时尚产品和服务的转售和租赁，在零售经济中对环境的影响接近于零。补充装或"无包装"的商店减少或取消了包装，并将服装和纺织品回收到未来产品的循环中。

二手进化历程

1760～1840年工业革命

慈善商店

1865年　救世军慈善商店（The Salvation Army Charity）在伦敦成立
1902年　Goodwill Industries在美国波士顿成立
1919年　"旧货店"（Thrift Shop）一词诞生了
1929～1939年　美国大萧条和英国大萧条
1937年　苏格兰爱丁堡每个人都可以去的旧货店
1939～1945年　第二次世界大战
1941年　红十字会旧货店（Red Cross Thrift Shop）
1948年　乐施会慈善商店（Oxfam Charity Shop）

跳蚤市场、旧货店和寄售商店

1974年　布法罗交易（Buffalo Exchange）所在美国亚利桑那州图森开张
1989年　发明了万维网（World Wide Web）
1991年　垃圾摇滚时尚
1991年　重建人类栖息地
1995年　易趣网（eBay）和Craigslist成立
2007～2009年　大萧条
2008年　女演员安吉丽娜·朱莉（Angelina Jolie）在红地毯上穿了一件26美元的连衣裙

转售网站

2009年　ThredUp、Vestiaire集团成立
2011年　RealReal和Poshmark成立
2012年　伦敦Hewi成立
2013年　Designer Exchange和Grailed成立
2014年　LePrix成立

循环零售模式包括重新销售、租赁、订阅租赁、循环设计、零浪费。

重新销售模式

重新销售（逆向销售）是对先前已售商品的转售。重新销售是行之有效的增加服装平均穿着次数的商业模式，也是设计消除废物和污染物最直接的方法，同时又能充分发挥服装的价值。

由于重新销售模式需要获得二手库存并吸引客户，因此，启动需要时间。二手服装销售有两种方式，通过二手服装平台和回收服装收集程序。

二手衣服

先前属于他人的衣服称为二手衣服。人们对这些衣服的观念已经改变；二手衣服不再被视为过时，而是消费者看重的复古产品。如今，越来越多的消费者愿意购买二手商品。千禧一代（24~39岁）和婴儿潮一代（56~74岁）是购买二手物品最多的群体，Z世代（18~24岁）是二手物品接受度最快的群体。

根据二手服装零售商ThredUP的一份时尚转售报告，在21世纪10年代的最后3年中，二手服装的转售增长速度是传统服装零售的21倍；到2024年，二手市场预计将达到510亿美元（390亿英镑）。[95]二手服装的空前增长与快时尚服装消费量的增加和低劣的质量有关，快时尚服装通常会在较短的时间内从衣橱转移到捐赠箱。

二手服装以各种各样的方式出售：

· 二手市场的先驱是传统的慈善机构或旧货店，例如，GoodWill慈善二手店，救世军和

COS的修复系列让受损或无法出售的衣服重获新生。

乐施会，以及跳蚤市场和出售废旧杂货的院子或汽车后备箱。

- 在线或作为移动应用程序的转售平台（例如，美国二手男装交易平台Grailed），为消费者提供了一个全球市场，以喜欢、购买、销售服装为目的与创意社区一起策划社交内容。

二手服装零售商ThredUP旗下的UPcycle是一个在线平台，可让任一品牌轻松启动并扩展服装回收计划。当客户将旧衣服发送到ThredUP进行转售时，他们可以选择通过礼品卡向合作品牌付款。

- 寄售商店，如易趣网公司，将商品授权给第三方，进行一定比例的销售。这样的商店为人们提供了展示和出售商品的市场。

回收项目

回收计划通过让客户参与，使他们的商店之旅有了真正的意义，提供了令他们满意的零售体验。二手服装被收集、分类、回收或转售。顾客可就每件循环再造物品领取一张奖励卡，奖励卡可在零售商的商店或网店购物时兑换。如果顾客不住在商店附近，他们可以将服装直接送到零售商的一个回收中心。这样的项目可以提高品牌忠诚度、吸引新客户并推动重复购买，因为携带旧物品来回收的消费者通常会购买其他产品。

回收计划：由制造商或零售商组织的从消费者那里收集产品或材料，并将其重新投入原始加工和制造周期的行为。
—— 世界商业促进可持续发展，2019

回收计划有两种类型：非特定回收计划，该计划收集来自所有品牌的所有纺织类产品；特定回收计划，该计划收集特定品牌或零售商的服装。

当品牌实施自己的特定回收计划时，他们会获取自己服装的总价值，提供额外的收入来源，鼓励更深层次的客户关系，并创建新的客户互动网站（称为接触点）。高质量和耐用性强的产品最适合这个项目。

"重获新生"（Renew）是伊林·费雪品牌的一项回收计划。客户带回二手伊林·费雪品牌衣服，就可获得每件5美元的再生奖励卡，可在网上或在伊林·费雪品牌店和"重获新生"商店兑换。2009~2019年，伊林·费雪收集了超过120万件该品牌的衣服。[96] 然后，这些物品被修补、清洗，并在他们的"重获新生"网

左图： 某品牌店内的服装回收箱，鼓励购物者捐赠不需要的物品。

中间图： 纽约州伊文顿市的伊林·费雪品牌仓库里装满衣服的袋子，等待重复使用之前的分类和洗涤。

右图： 泰国曼谷无印良品（Muji）商店的Remuji区，出售由回收材料、废料和不需要的衣服制成的升级再造时装。

左图： 某品牌店内的服装回收箱，鼓励购物者捐赠不需要的物品。

中间图： 纽约州伊文顿市的伊林·费雪品牌仓库里装满衣服的袋子，等待重复使用之前的分类和洗涤。

右图： 泰国曼谷无印良品（Muji）商店的Remuji区，出售由回收材料、废料和不需要的衣服制成的升级再造时装。

站上重新出售，或在他们的"重获新生"系列下升级为新的设计。

COS发起了一个类似的项目，即"COS修复"（COS Restore），该项目由无法售出或退回的物品组成，这些物品已由位于俄勒冈州的"重获新生工作室"（The Renewal Workshop）精心修复和清洁，使其得以再次出售。"重获新生工作室"采用零浪费的循环系统，并与时尚品牌合作，以恢复他们已生产服装的全部价值。

商业租赁模式

想象一下，你不用真正购买衣服，一旦厌倦了你的衣服就可将其换成新的。这将会如何影响服装设计或时尚产品的物流和追踪？

就时装零售而言，"租赁"是指在短时间内一次性租用服装。然而，对于某些消费者而言，服装租赁已经从短期的、以事件为中心的模式迅速发展为日常的选择模式。

出于对环境的关注，租赁正迅速成为在逆向物流方面具有专业知识的公司（见第102～103页）的首选时尚方式。HURR Collective是英国的P2P租赁平台，利用了与优步（Uber）和爱彼迎（Airbnb）相似的共享功能。HURR Collective搭建了一个随需应变的平台，该平台使用实时身份验证、有地理标记和智能驱动的时尚造型师，允许会员共享衣柜。会员可以租用7天，最多租用一个月。

订购模式

在过去几年中，时尚界的订购模式呈指数级增长，主要是受到越来越重视便利性和可访问性而非所有权的消费者的推动。与传统零售相比，订购服务使消费者可以在不离开家的情况下尝试新的商品，灵活、风险低。目前存在3种类型的订购模式：采买订购，用于购买衣服；租赁订购，租用衣服；循环订购，衣服可以由他人更换和穿用或回收。

例如，丹麦服装公司Vigga意识到大多数新父母面临的问题：他们的孩子还不到四个月大，就已经淘汰了两种尺码的服装。该公司提供订购服务，使父母可以为孩子穿上高质量

HURR Collective在其位于伦敦塞尔福里奇百货公司的经营场所倡导租赁模式。

传统的采买订购	租赁订购	循环订购
为客户的个人造型而设计，以增加服装的销量并提高重复购买率	专为优化个人衣柜而设计，可访问在线设计师衣柜	专为退货和材料再利用而设计
优点：个性化购物 缺点：购买新衣服或重复购买衣服会导致更多的纺织品浪费	优点：租赁旨在延长服装的使用寿命和耐用性 缺点：清洁和运输成本	优点：不要的服装或二手服装循环回到供应链 C缺点：运输和退货费用
例子：Stitch Fix、Armoire、Lookiero	例子：Rent the Runway、Girl Meets Dress	例子：For Days、Circular Wear

的、由设计师设计的服装，这些服装由可持续材料制成，是被其他客户退回的。衣服穿不了之后可以更换，避免不必要的花费和浪费，对环境的影响较小。

但是，随着租赁订购规模的扩大，其对环境的影响应该引起重视。这种模式虽然提供了便利，但存在潜在的整体服装消费量增加的风险。如果这些新型举措只是线性模型中现有消费者购买的补充，则将增加生产和浪费。

在订购模式中，客户流失率（客户离开或加入的比率）是项重要指标。高流失率（客户离开）可能会减少利润并阻碍销售增长。零售商可以尝试通过价格、便利性、成衣数量和其他激励措施（例如，独家优惠）来减少顾客流失。

流失率：随着现有客户的流失和新客户的增加，企业在一段时间内发生的定期的、可量化的过程或变化率。
—— 韦氏词典

循环设计模式

正如我们在第2章（见第22页）中所看到的，服装没有持续流通的主要原因之一是，它们最初就没有被设计成可循环的。随着公司建立了更多的循环设计系统，新技术和循环商业模式将继续改变零售业。

识别循环产品的特性（生物降解性、寿命、耐用性等）可以帮助零售商确定哪些产品适合哪种模式。For Days总部位于洛杉矶，其闭环制造和回收流程可制造循环服装。该过程

交换模式：为循环而设计

1 顾客加入以获得会员资格。（根据客户希望接收的物品数量收取会员费。）

2 当顾客准备好购买新商品时，他们就可以随时交换任何商品，只需支付少量费用。

3 顾客收到新商品后，会将旧商品寄回零售商，回收再利用。

RENT THE RUNWAY

Rent the Runway成立于2009年，是一家较成熟的时装订购服务公司，为人们日常生活和特殊场合提供设计师风格服装的租赁。Rent the Runway提供两种会员计划：RTR Update是每月一次，每次至少运送4件产品由客户选择；RTR Unlimited提供相同的服务，但客户有机会在需要时将服装换成新的。这些服装会放在可重复使用的衣物袋内进行干洗或处理。当顾客准备好要买新衣服时，他们可以把衣服放回原来的服装袋里。RTR在收到退货时通知客户，允许他们选择新的服装，并再次发货。

是由"有机T恤会员项目"实现的，该项目允许顾客邮寄回穿过的T恤，并以旧换新。旧的可生物降解T恤衫被机械回收，新的T恤衫也是用同样的材料生产的。这样客户就能够以可持续的方式改变T恤的样式、颜色和尺寸。

零浪费零售模式

小型零售商可以利用其商业模式更灵活的特点，围绕减少浪费建立流程。零浪费模式可以从已经生产出来的产品中回收全部价值，鼓励消费者减少浪费，同时提供更多的激励，倡导他们在当地购物或者结束这一循环。

随着消费者对于纺织品和包装废物对环境造成的负面影响认识逐渐提高，零废物商店满足了消费者越来越高的需求。一些商店的目标是通过完全取消包装来杜绝包装浪费，而另一些商店则销售用环保材料制成的产品。

零售商Pure Waste总部位于芬兰赫尔辛

For Days的棉质T恤标签，该品牌邀请客户交换并退回由循环材料制成的零浪费基础产品。

基，其零浪费理念是利用再生材料制造面料。该公司从印度的一家纺织厂购买下脚料或废料，通过机械切割，与塑料瓶中的再生聚酯混合，制成一系列混合物。这些衣服是在印度的Pure Waste自己的工厂生产的，员工在该工厂享有长期工作合同，薪水是该地区平均水平的2倍。

思考：
随着新的循环时尚产品进入市场，哪种类型的产品最适合循环零售模式？

克里斯蒂·凯勒（KRISTY CAYLOR）

克里斯蒂·凯勒是一位企业家、时尚梦想家、人道主义者。在创立品牌For Days之前，凯勒将世界一流的设计与变革性的社会哲学相结合，创立了一个开创性的奢侈品牌的迈耶特（Maiyet）。凯勒致力于可持续发展，也是盖璞（Gap）产品（RED）的早期创新者，并曾在"从摇篮到摇篮"（Cradle to Cradle's Fashion+）的时尚领导委员会任职。她被沃斯基金会（Voss Foundation）授予2014年"女性帮助女性"荣誉称号，并定期参加联合国基金会活动。2016年，凯勒被任命为世界经济论坛全球消费主义未来理事会的成员。自2018年推出For Days以来，凯勒被任命为Glossy 50：时尚数字前锋，并且For days获得*Fast Company*（美国最具影响力的商业杂志之一）评选的改变世界创意大奖。

第8章
营销

您对可持续发展有何看法？服装品牌应如何传达营销信息，帮助用户选择循环时尚产品？

可持续性营销

构成可持续发展计划的三大重要因素是社会、环境和经济，通常被称为三重底线（人、地球、利润）。一些品牌可能只关注其产品和服务对环境的影响，而另一些品牌就会强调社会可持续性，例如，创建绿色空间，提升员工的幸福感。

如今，正如丹麦哥本哈根《全球时尚议程》（Global Fashion Agenda）在2019年《时尚产业脉搏》（Fashion Industry Report）报告中所报道的那样，全球75%的消费者认为时尚行业的可持续发展是非常重要的。[97] 市场营销和传媒在引导消费者并让他们认同可持续消费的重要性，以及助推循环时尚成为主流方面起着至关重要的作用。

> *营销：发现客户需求，设计产品和服务并有效地进行销售的过程。*
> ——剑桥词典

可持续性营销是利用品牌产品或服务的可持续性来沟通或影响客户的营销活动。它可以作为一种工具，以可衡量和有意义的方式引导现有客户或转换新客户。例如，一个品牌可以向消费者传达它使用的材料类型或循环流程，或者是它对待工人和支付工资的方式。

可持续性营销既考虑公司的长期战略规划，也考虑社会的长期利益。一个致力于环境可持续性的品牌必须首先在其商业模式中纳入可持续的做法，如透明的供应链或负责任的采购，然后才能促进公司可持续性发展。一个有社会责任感的品牌必须提供满足生活保障的工资和良好的工作条件。

如今，消费者开始要求品牌提供更多有关服装的直观的具体信息，营销人员必须在企业社会责任（CSR）策略之外再设计计划性淘汰的替代方案，并进行有效沟通。

> *企业社会责任：企业对其经营所在的社区和环境（包括生态和社会）的责任感。企业通过以下方式表达这种意识：（1）通过减少浪费和减少过程性污染；（2）通过提供教育和社会项目；（3）通过从所使用的资源中获得足够的回报。*
> ——商业词典

可持续性营销源于真实性。作为新的影响力群体，Z一代（出生于1995~2010年）是第一批在科技和海量信息的环境下成长起来的消费群体。与前几代人相比，他们更实际、更善于分析，并通过购买来支持他们认可的事情，例如，可持续性、道德消费和气候变化。这一代人也足够精明，可以识别出华而不实的广告活动与时尚品牌对可持续性的真正长期承诺之间的区别。[98]

如果要让消费者相信某个品牌有关可持续发展的宣传，那么可持续发展应渗透到从产品制造到使用的资源等各个方面。一个可持续发展的品牌应该充分分享其有关可持续的各种具体信息，以及该品牌已经取得的成就和达到新目标的时间来提供透明度。

漂绿

漂绿：环境保护论者的表达，以产品、政策或活动为幌子。

——韦氏词典

您能否说出自我标榜为可持续发展品牌与真正生产可持续产品的品牌之间的区别？一家在保护环境方面的宣传多于实际的公司可能是在"漂绿"。这些品牌可能花大量的时间、金钱和精力做广告和营销其"绿色"的形象、产品、员工，而不是真正在减少对环境的破坏方面有所作为。

"漂绿"现象出现于20世纪80年代，当时大多数消费者都从电视、广播和印刷媒体那里获取新闻。这些有限的信息来源，加上海量的企业广告，使得一些从事不可持续做法的公司也可以将自己标榜为环境保护者。"环保""有机""天然""可生物降解""可堆肥"和"绿色"是广泛使用的一些标签，这些标签可能会误导消费者。绿色和平环保组织于2008年启动了"禁止漂绿"（Stop Greenwash）网站，以应对企业的漂绿行为，并要求企业负责他们的业务决策对环境的影响。

是可持续性还是炒作？

消费者面临的挑战是，如何区分哪些品牌在全公司范围内认真致力于可持续发展，哪些品牌只是在做一些表面的工作。但是，如何轻易地发现那些炒作的品牌呢？例如，一个品牌可能会推出一个由回收聚酯或有机棉制成的小型胶囊系列，这一举措给整个公司戴上了可持续性发展的光环，而事实上，胶囊系列仅占公司产品线的一小部分。可持续性应该是一个可持续性品牌所有行为的出发点。一个将环境、经济和社会问题成功纳入其整个业务运营中的品牌才能称得上是可持续性品牌。

消费者寻找可持续发展的品牌时，会从品牌的网站开始了解其商业实践和流程的信息。真正的可持续营销重视长期的忠诚度。例如，成功的可持续品牌巴塔哥尼亚（Patagonia）是1973年由伊冯·乔伊纳德（Yvon Chouinard）创立的美国户外服装公司。该公司利用其网站和社交媒体，传达品牌的道德理念和环保信息，为志趣相投的消费者建立了社区，而不仅仅是为了推广其产品的短期利益。

可持续性营销计划包括以下内容：

1.以循环为出发点设计产品。良好的设计可以有效且高效地实现其目的。具有现代美学价值的时尚产品与使用寿命、耐用性和可生物降解性等循环方法相结合，为创建真正的可持续性营销策略奠定了基础。

2.使用行业工具（如标签，标准和认证），使消费者获得可持续发展凭证。

3.简单直接的沟通。可持续性信息可以是有教育意义的，但是过多地使用模糊的术语、概念或耸人听闻的事实和标题，会让消费者不知所措。

4.通过分享故事吸引顾客，引起共鸣，使消费者能够购买并支持可持续发展的产品和品牌。

5.把"吹牛的权利"降到最低。并不是品牌的每个可持续发展举措都需要宣传。仅仅生产了一个可持续的时装系列然后就恢复到以前旧的做法是不可取的。可持续性不是品牌之间为获得竞争优势而展开的竞争。

6.发布符合道德规范的消息。品牌要诚实、准确地告知消费者产品及其对环境或社区的影响。

7.创造真正的品牌文化，重视企业各个方面的可持续性。消费者可能研究一个品牌，看看它是如何为环境、员工和社区做出贡献（或不做出贡献）的。

在研究一个品牌的真正可持续性营销计划时，需要考虑以下问题：

- 品牌是否主要使用有机、可回收或可生物降解的材料？

- 品牌是否通过适当的途径表明自己的碳足迹？

- 品牌是否允许顾客修复产品，然后最终通过回收计划来回收产品（见第112页）？

"循环时尚"营销

如果一个时尚品牌想要蓬勃发展，必须塑造消费者喜欢的品牌形象。几十年来，时尚品牌完全依赖于基于消费者情感需求的营销策略，以保持良好的形象并营造消费者的归属感。这些品牌对品牌形象设定了严格的标准，并且经常推广一些令人羡慕的生活方式。

时尚广告反映了社会潮流和流行文化。名人经常被认为是富有、美丽和完美的成功人士。名人代言可增强品牌知名度，让消费者渴望穿上与自己喜欢的演员或流行歌手一样的服装。给消费者传达的信息是，如果您穿着这件衣服或购买该产品，您就可以接近这种生活方式。

在广告策略之外，品牌的责任才能在消费者心中赢得信誉。为了满足消费者对更加环保和符合道德标准的服装的需求，品牌可能会争相使用"可持续性"等流行语，或者寻找一种简单的方式来证明"绿色"的可信度。正如以下章节所讨论的，品牌有很多机会去开发与传统时尚信息不同的引人注目的、酷炫的、循环的文案。

拯救世界或不拯救世界

那些拯救世界的营销信息企图令消费者感到羞耻，或使他们对购买不道德品牌的服装感到不安，实际上可能适得其反。一旦时尚消费者了解到这个行业没有什么快速的转变，他们可能会感到失望，因为他们的可持续性购买未能产生立竿见影的效果。当进行可持续性营销时，品牌不应该依赖于冲击策略，而是应该传递让人们感兴趣且真实有效的信息。

新时尚品牌以在道德可接受的条件下生产的服装进入市场，旨在通过更新颖的方法来引起人们的兴趣，例如，有目的的穿着或抗议。但是，良好的工作标准和工作条件，品牌起源国的可持续商业模式等有关道德的细节，处理不好有可能会引发严重的问题。可以通过巧妙

*Birdsong的2020年春夏系列中的一件上衣。Birdsong的所有
服装都是由低收入的移民妇女制作的，工资可以维持她们
在伦敦的生活。*

而实用的方式沟通社会问题使可持续发展更具关联性，沟通更有效，并且更容易被日常的消费者所接受。

　　小型初创企业在可持续发展的宣传方面比较大胆。因为他们没有涉及要转变过时的商业模式或断裂的供应链。大品牌在传达信息时则必须更加谨慎，因为他们必须解决严重的供应链问题，例如，劳工权利、低工资、危险的工作条件和污染。

　　伦敦品牌鸟语（Birdsong）表示："穿着我们原创衣柜必备服装单品本身就是一种抗议——反对时尚行业的快节奏，反对对潮流的过分追求，反对生产线上对女性的虐待。" [99] 科琳娜·斯特拉达（Collina Strada）由设计师希拉里·泰穆尔（Hillary Taymour）在纽约创立，是一个融合了现代和复古风格的手工系列品牌，它认为自己不仅仅是一个时尚品牌，更是一个解决社会问题的平台。它通过提出"你的目的是什么"这样的问题，鼓励顾客深入思考。这些类型的营销信息引起了消费者对品牌的兴趣，并促使消费者采取行动抵制或反思他们的传统购买习惯。

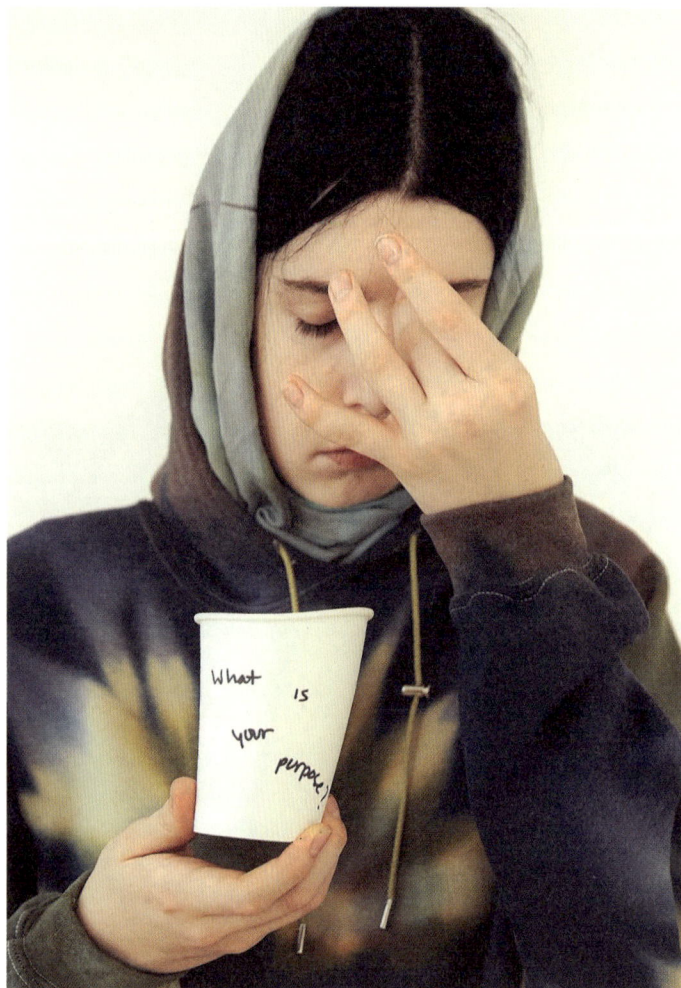

总部位于纽约的服装品牌和社会变革平台科琳娜·斯特拉（Collina Strada）鼓励自我反思和自我表达。

良好的幽默感

如果一个品牌能让人们开怀大笑，并真正地享受生活，那么社交媒体的分享、口碑的推荐，以及销售自然就会随之而来。在不影响信息严肃性的前提下，采取有趣的营销和沟通方式特别吸引技术驱动型消费者。

2009年，亚埃尔·阿法拉洛（Yael Aflalo）推出了直接面向消费者的可持续服装品牌Reformation，其标语是："赤裸是最可持续的选项，而我们就是第二选项。"被誉为"终极酷女孩品牌"[10] 的洛杉矶品牌，从独特的卖点（USP）以及工人的工资、环境影响和供应链透明度等方面实施幽默感，重塑了时尚的可持续形象。

Meme是指调侃某种文化符号或社会问题的视频或照片，加上文字修饰，通过互联网用户迅速传播。事实上，没有什么主题不能转化成病毒式的内容。在Instagram上批判不道德的消费习惯和一次性时尚可以成为提高品牌知名

品牌Birdsong用表情包幽默地推广自己的品牌。

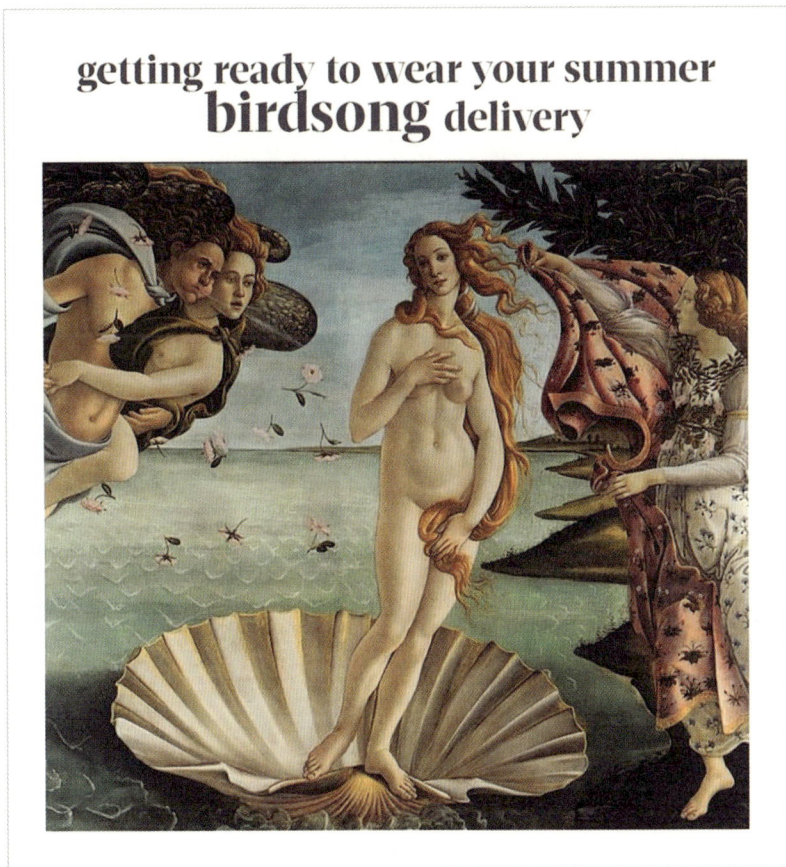

循环叙事

打造可持续发展品牌的最佳方法之一，是创作个性化且引人注目的故事，以展示品牌对可持续发展的承诺和努力。营销叙事被用作吸引消费者和与消费者互动的工具。

叙事是讲一个故事，它必须抓住观众的注意力，介绍一系列相关的体验、事件、人物或场景。在时尚界，循环叙事忠实于品牌本身，描述品牌的循环产品、流程或循环意识，激发消费者更深层次的行动和意识觉醒，同时也可能带来惊喜。

度和可持续消费的有效途径。

一些时尚品牌注重讲故事，来营造真实感。Toqa是最具创意的品牌之一，利用热带岛屿生活的所有乐趣、历史和民间传说，创造出可持续发展的时尚品牌。该品牌专注于诙谐幽默，重新诠释了穿着夏威夷衬衫的"岛屿女孩"的刻板印象。该系列也是一个闭环循环——用减少库存来反映品牌的独特的个性。

死库存：从未被消费者购买过的面料和服装的统称。
——时装商业评论

Toqa的在线体验鼓励顾客"游览"马尼

马尼拉品牌Toqa以岛屿生活的冒险为基础创作了有趣的故事。

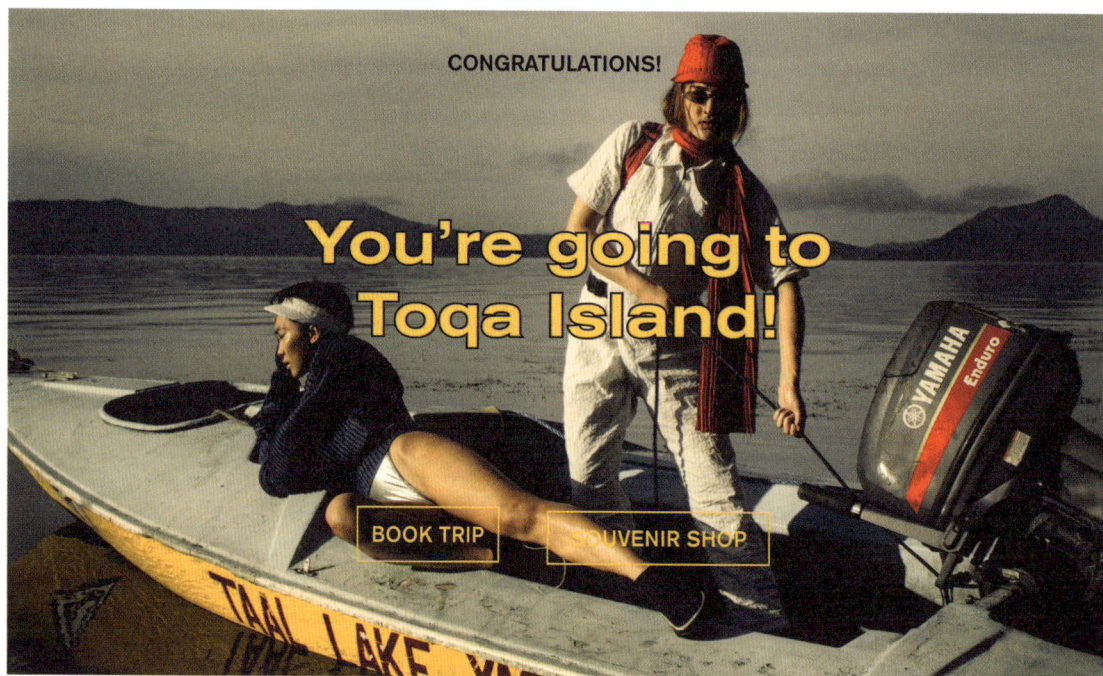

拉，参观著名的地标和由该品牌最畅销商品组成的纪念品商店。该品牌并不是使用说教的口吻告诉人们要如何做，而是采用了一种充满活力、富有冒险精神的语气来营造了品牌故事。

积极联系

只有激发起人们的情感，他们才会采取行动。感觉和情感是成功品牌的核心。公司内部和外部的意图、态度和行为可以给消费者一种独特、积极和令人难忘的品牌感觉。那些在慈善、人权和环境问题等领域享有良好声誉并承担社会责任的品牌，会帮助消费者在购买时尚产品时做出更好、更有利的选择。

循环生态系统

当一个品牌变得可循环时，就可以邀请客户加入其社区，通过讲座或研讨会提供教学机会，让消费者了解商业实践的透明度，以及有关"改造、减少、回收"的相关信息。

品牌的循环生态系统会鼓励时尚消费者了解循环产品和服务，并且重新思考他们的购买习惯，选择修补、更新或翻新服装。训练有素且知识渊博的销售人员也是社区建设的关键组成部分，可通过销售或公共活动与消费者互动，并为品牌赋予更多信誉。

故事制造品牌"大地树皮波纹"
主题的感恩长袖T恤。

故事制造（STORY MFG）

2013年，一对夫妻在伦敦成立了品牌故事制造（制造服装的简称），"出于对更真实、更充实、更友善的时尚方式的渴望——这种方式不涉及美学和意识之间的权衡。"[101] 该品牌使用有机、天然面料，结合了新技术和传统的慢时尚技术，打造出素食可生物降解的服装。

该品牌通过其独特的，精心制作的"积极产品宣言"中传播带有"慢速制造"（Slow Made）标语和诚实、透明的核心价值观，从而在客户及其品牌之间建立有意义的联系。

积极产品宣言[storymfg.com][102]

服装是护肤品

如果将衣物中的化学物质包装成乳霜，则永远不要让它靠近皮肤。

艺术赞助人

我们的目标是……在人们被边缘化的地方促进艺术实践发展并培育新的艺术实践。

浪费是懒惰的

自然界中没有"废物"。

动物种类

我们从来没有使用过动物产品，因为我们认为饲养和屠宰其他生物没有可持续性或积极意义。

再生农业

我们更大的目标是帮助扭转工业造成的破坏，我们的工作是让地球状况变得更好。

家庭价值观

我们的工作主要基于手工艺……我们投入资金来提供连续的、高薪的工作，并且不会选择更便宜的替代品。

循环领导者：迈克尔·普雷斯曼（MICHAEL PREYSMAN）

迈克尔·普雷斯曼是直销品牌埃韦兰斯的首席执行官和创始人。

"我们一直致力于以合乎道德的方式生产产品、减少浪费，并制造出经久耐用的高质量产品。随着公司的发展，我们对环境的影响也越来越大。很明显，我们的星球正处于环境危机中。我们决定承担起推动真实有效的可持续性供应链发展的责任。我们认为，教育消费者并创造更多可持续性产品是我们的责任，让消费者有所选择，并能做出更好的决策。我们正在整个供应链中努力减少对环境的影响：消除或减少浪费，并在我们的核心产品（例如，更新系列）中使用回收材料。我们承诺到2021年消除供应链中的所有原始塑料，而目前我们已经完成了75%。"[103]

> 思考：
> 认真分析再确定，您最喜欢的服装品牌是真正的可持续发展品牌，还是仅仅是"漂绿"品牌。
> 您对结果感到意外吗？

案例研究#3：市场

韦贾：酷炫的可持续运动鞋

运动鞋是我们这个时代的产物，在锻炼、工作场所都可以穿着，是现代生活方式的表达。由于制造工艺的复杂性，运动鞋会对环境造成巨大影响。它们通常包含合成材料、大量不可生物降解的塑料成分，以及对环境有毒的胶水，这些使运动鞋变得不能回收。消费者购买了运动鞋，通常在鞋子还没有坏之前就会丢弃。

韦贾（Veja）是一个法国品牌，有着独特的市场定位，其简约运动鞋系列证明了可持续性也可以很时尚。该品牌于2005年在法国创立，创始人塞巴斯蒂安·科普（Sébastien Kopp）和弗朗索瓦-吉斯兰·莫兰（François-Ghislain Morillion）创立了一个非营利组织，研究全球企业发布的企业社会责任政策。

这对夫妇直接与巴西的小生产商合作，使用生态材料彻底改变了传统的运动鞋。例如，他们的运动鞋鞋底所用的橡胶就来自亚马逊雨林中的可持续橡胶攻丝器。该品牌的V-12网眼防水模型是由从里约热内卢和圣保罗街头回收的塑料瓶制成的，这些塑料瓶被送到当地的工厂粉碎成纤维。一双运动鞋通常需要三个塑料瓶。

鞋子本身是在巴黎设计的，有些鞋型是用经过GOTS认证的棉布制成的，这种棉花的生长方式是使营养物质回流到土壤中。尽管该品牌的确使用由植物染料鞣制而成的巴西皮革，但每四个韦贾运动鞋的鞋型中就有一个是植物成分的。

按照公平贸易的原则购买那些具有较高标准的工厂生产的环保原材料，价格并不低：一双韦贾运动鞋的生产成本是传统运动鞋的5~7倍。为了弥补这笔支出，该品牌避开了传统的市场营销和广告渠道，这些渠道最高可占运动鞋品牌成本的70%。取消广告、品牌代言人和广告牌，使韦贾的运动鞋价格具有竞争力。

通过这样一个强有力的差异化定位，运动鞋本身已经成为该品牌的沟通工具，通过鞋子可以向消费者传达企业责任感、透明度和产品成份。韦贾还通过其零售店来宣传该品牌的信息并与消费者互动。纽约诺利塔（NoLita）街区的韦贾商店是采用有限的废弃材料设计的，并由Abest提供可再生风能。顾客一进店，就会看到一段展示其生产过程的视频，店内还会有关于社会和环境问题、活动和产品发布的讲座。

讨论问题：

1. 是什么让韦贾运动鞋得以可持续发展？
2. 是什么让韦贾运动鞋有了"酷元素"？
3. 解释韦贾不使用传统广告和营销渠道销售运动鞋的原因。

右图：从巴西阿克雷
（Acre）的野生橡胶树中采
集的汁液和乳胶。

最右图：根据公平贸易原则
种植和购买的有机棉花。

下图：运动鞋成品。

第四部分

使用/保养/修复

第9章
消费

有一则老笑话"我有满满一柜子衣服，但却没有衣服可以穿"。大多数消费者承认他们的衣柜里有从未穿过的衣服和过量的衣服。在21世纪10年代，消费者平均比20年前多购买了400%的服装。[04] 预计时尚消费仍有望增长。我们将购买超过我们实际需要或穿着的服装称为"过度消费"。

过度消费

过度消费：指消费过多的食物、饮料、燃料、衣服等的情况。
——柯林斯词典

自20世纪广告的普及以来，消费者一直被广告诱惑频繁购买最新的流行趋势来即时的满足他们内心的渴望。这引发了人们对过度消费廉价和时尚服装的狂热欲望，是时尚行业面临的所有紧迫的环境问题的根源。这些购买习惯在消费者行为中根深蒂固，以至于需要一个更具责任感的消费观念来影响消费者，使其转变消费态度，并给予消费者重要的消费承诺。消费者和生产者都要在这种转变中发挥作用。

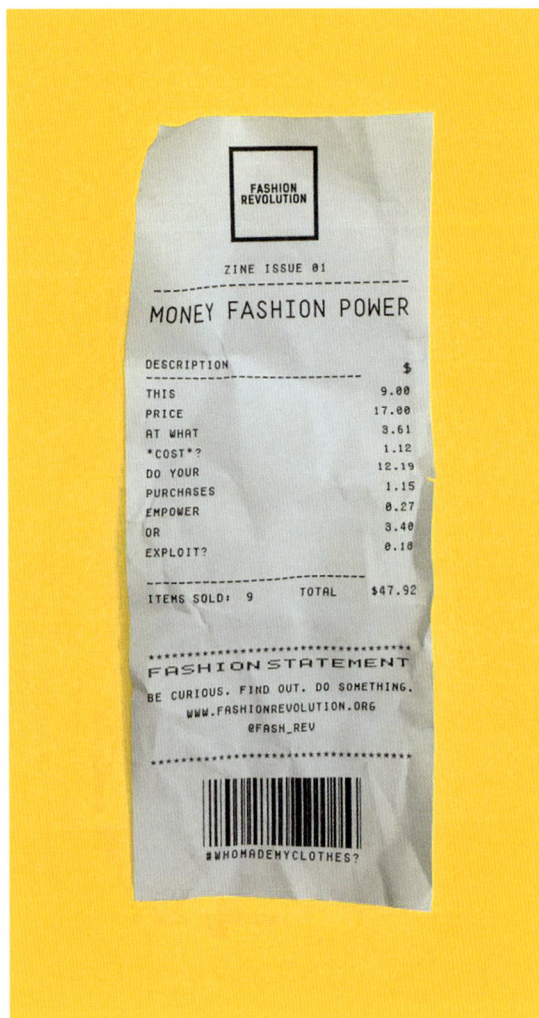

《时尚革命》杂志《金钱时尚的力量》（Money Fashion Power）一文探讨了消费者的购买力。

消费者行动主义

这一转变运动已经开始，消费者对不可持续的品牌越来越丧失兴趣。目标驱动型品牌往往更能吸引消费者，这些品牌会将可持续性融入他们的产品、服务和整个供应链。消费者的购买决定也会受到公司及其领导层的言论、价值观和行动的影响。

许多消费者认为，他们的个人抗议行动，如抵制一家公司或在社交媒体上发表意见，可以改变公司甚至政府的行为。消费者不再仅仅是商品和服务的购买者，而是利益相关者。他们正在积极地投入时间和精力，并希望与企业的目标相一致。

消费者行动主义：一个术语，描述各种不同的运动，试图通过提供信息、抵制、纠察和诉讼等活动来影响公司的行为，目的是迫使公司以有利于消费者感知利益的方式行事。
—— SAGE商业道德与社会百科全书

环境问题已经变得非常个人化。如果每个人都按照自己的方式采取积极的个人行为，会对公司或行业产生重大影响，进而导致结构性转变。

例如，公众对一次性塑料的忧虑和愤怒促使许多消费者开始审视自己的消费行为，并做出承诺和改变。一次性塑料，或称为用即弃塑料，在被丢弃或回收之前只使用了一次。全球每年大约生产3亿吨塑料，其中50%是一次性塑料，只有14%的塑料制品被回收。[105] 由于一次性塑料来源于石油，必须添加新的原始材料和化学品才能回收，所以回收困难。因此转变消费至关重要。

"新塑料经济全球承诺"（The New Plastics Economy Glotal Commitment）由艾伦·麦克阿瑟基金会（Ellen Macarthur Foundation）牵头，于2018年与联合国合作推出（见第27页）。该计划由负责全世界20%的塑料生产的250个组织

塑料革命

2017年

中国宣布禁止从美国、英国和欧盟进口24种外国废物。

2018年

大卫·爱登堡（David Attenborough）的电影《蓝色星球2》（*Blue Planet II*）提出了塑料散落在世界各地的问题。

2018年

加利福尼亚州成为美国第一个禁止在餐馆使用塑料吸管的州，并计划到2030年禁止使用一次性塑料。

2018年

欧洲议会投票通过到2021年彻底禁止使用一次性塑料。

2019年

2022年10月2日印度在圣雄甘地的诞辰纪念日宣布禁止使用6种不同类型的一次性塑料。

参与，包括H&M、联合利华（Unilever）、开云、欧莱雅（L'Oréal）、雀巢（Nestlé）和可口可乐（Coca-Cola）。[106]

该承诺的最终目的是促进塑料的循环经济发展，从一次性使用的模式转变为可重复使用的模式，以保持材料的使用状态并减少对环境的污染。加入该计划的公司将停止使用有问题或不必要的一次性塑料，确保所有塑料都可以重复使用、回收、堆肥、再利用，远离垃圾填埋场。预计到2025年实现这一目标。[107]

时装品牌也正在采取措施，通过使用回收水瓶中的塑料代替所谓的原始塑料来实现可循环。埃韦兰斯是试图减少使用塑料或完全消除塑料的时尚品牌之一。

积极的品牌

如今，越来越多的时尚公司正抓住这个

对页图：埃韦兰斯品牌的 *Puffy Puffer* 系列羽绒服由可回收的塑料瓶制成，该系列由38000人发起。

左图： 斯特拉·麦卡特尼在2020年米兰举行的2020年度假胜地演讲中提到了席卷全球的气候抗议活动。

机会来提升他们的社会和环境信誉。公司利用人们对变革的渴望，将一个品牌的价值或目标与反映时代的相关问题联系起来。在这种环境下，有利于环境的行为可以成为一种竞争优势，因为它会成为消费者做出购买决定时关注的一个亮点。

斯特拉·麦卡特尼以环保主义而闻名。她的品牌2019年秋季的广告活动是与英国的"灭绝反抗"（Extinction Rebellion）组织的成员合作的。"灭绝反抗"是一个国际性运动，它使用非暴力反抗来抵制不道德和破坏环境的做法。活动人士仿制了斯特拉·麦卡特尼的产品系列，包括有机棉、再生聚酯和再生尼龙等材料。"灭绝反抗"抗议者曾呼吁取消2019年伦敦时装周，并要求消费者停止购买行为，参加为期一年的抵制购买任何新衣服的活动。[⑧]

广告活动宣传了该品牌更具环保意识的衣服，同时还呼吁采取气候行动。并随该运动发行了一部短片，环保主义者简·古道尔（Jane Goodall）朗诵了美国小说家乔纳森·萨弗兰·福尔（Jonathan Safran Foer）的诗。

当品牌和活动人士一起合作时，存在着一种微妙的平衡，然而麦卡特尼和XR活动人士希望这场运动是具有挑衅性的，人们会议论时尚和环境问题。

可持续（和循环）消费

让消费者亲自采取可持续性措施，并作为他们品牌体验的一部分，是建立对该品牌的忠诚度和信任度的有效策略。只有当公司选择与期望这些变化的客户合作并与他们一起扩展循环战略时，才能实现这一目标。真正可持续发展的公司是那些通过市场营销活动邀请消费者参与重新设计和创新过程的公司。

从消费者的角度来看，可持续消费意味着做出更多有意识的选择，在某些情况下减少购买。

德国的（绿纽扣）Grüner Knopf 于2019年推出，是世界上第一个由政府赞助的可持续性标签，旨在帮助改善纺织制造业的问题。绿色按钮制定了对产品和公司的要求。产品必须符合26项社会和环境要求，公司必须根据联合国工商业与人权指导原则以及经济合作与发展组织提出的，依据特定行业的具体要求制定的20项标准，证明其符合人权和环境要求。[109]

我们希望，"绿纽扣"作为一个可识别的标志，能帮助消费者在购买服装时注意可持续性，并购买更多生态、合理的产品。

可持续消费原则

作为消费者，我们能为环境做的最好的事情之一就是更多地穿着我们已有的服装，减少个人对服装的消耗。要以可持续的方式消费服装，例如，更明智地购物、爱护和修补服装，妥善处理不需要的服装。

明智的购物

消费者进行更明智购物主要有三种方法：

1. **检查标签**：服装的"制造"标签通常会显示服装的纤维含量、原产国、制造商或经销商、养护说明。就原产国而言，"离购买地越近越好"。

2. **检查面料**：有些材料明显比其他材料对环境的影响更大（见第66~67页）。例如，在购买新衣服时，最好购买由有机棉、莱赛尔、麻、竹子或回收材料（如回收塑料）制成的物品。

3. **研究品牌**：可持续发展的零售商和品牌对其销售产品的来源是透明公开的。作为一个可持续发展的消费者，你要做的就是研究或询问品牌有关这些来源的问题。

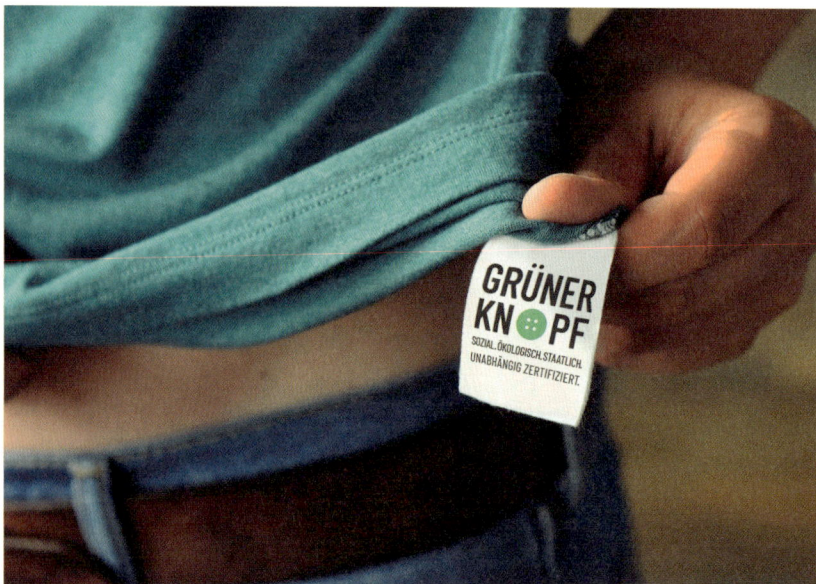

德国政府批准的环保认证纺织品"绿纽扣"标签。

如果消费者有机会对品牌和产品从设计、质量到环保性能进行全方位的比较，他们就会倾向于购买有机、公平贸易和可循环的服装。品牌排名（Rank a brand）是一个独立的品牌比较网站，它根据可持续性和社会责任对几个行业的消费品牌进行评估和排名。该网站会为每个品牌进行可持续性评分，方便消费者更负责的购买。

服装护理

减少服装的一般护理，使用替代的、节能的方法来护理它，可以延长服装的寿命。

以下技巧可以帮助护理服装：

1. 阅读服装上的护理标签信息。
2. 少清洗服装，在低温（86°F或30°C）下清洗衣服。
3. 尽可能减少使用烘干机，并选择更通风的替代方式。
4. 尽快将刚洗过的衣服放在衣架上，以免产生褶皱，从而减少熨烫的次数。

斯特拉·麦卡特尼的服装带有CleverCare标签，提醒消费者在洗衣服时要考虑环境。CleverCare是该品牌与瑞士全球标准的洗涤标签公司Ginetex合作开发的。CleverCare标签提供了明确的护理说明，消费者可以通过适当的护理最大限度地穿着他们的服装，减少洗衣机和烘干机的使用次数从而节省水和能源，并提供熨烫和专业洗衣技术的指导。

"爱你的服装"（Love Your Clothes）是可持续服装行动计划（SCAP）的一部分，鼓励人们充分穿着他们已有的服装，该计划由废物和资源行动计划（WRAP）协调，是一个非营利组织，受到英国政府的支持。该计划于2014年启动，鼓励消费者购买可持续的服装品牌，通过重新设计服装样式、进行简单的修复或完全改造，延长旧服装的使用寿命。

当谈到服装护理对环境的负面影响时，制作服装的面料类型是另一个考虑因素。用合成纤维（例如，聚酯和丙烯酸）制成的衣物会释放超细纤维，这种微小的塑料纤维会从衣物上

左图： "爱你的衣服"为消费者提供了一些实用的技巧，可以延长衣服使用寿命。

右图： Ginetex的CleverCare标签。CleverCare鼓励消费者好好护理服装，最大限度地利用它们。

脱落并进入淡水系统。"时尚革命"估计，一次包含合成纤维衣物的常规洗涤会释放多达70万根纤维。[110]法国是第一个采取立法措施防止微纤维污染的国家。到2025年，法国所有新洗衣机都必须加装过滤器，以阻止微纤维的释放。[111]

免洗衣服

一波新的服装品牌正在设计减少洗涤次数的服装。从历史上看，人们洗衣服的频率与良好的卫生习惯甚至社会阶层息息相关。在美国，洗衣机占家庭用水的17%，服装碳足迹的25%来自衣物护理。[112]

解放美利奴（Unbound Merino）品牌的羊毛旅行服装，可以穿几周不洗，而羊绒王子（Wool & Prince）公司则是用美利奴羊毛设计并制成牛津衬衫、T恤和平角内裤。羊毛因芯吸性能吸湿排汗、自然透气，可调节温度、抵抗异味和污垢，因此非常适合不经常清洗。潘盖亚（Pangaia）公司生产海藻纤维和经过认证的有机棉T恤，并用薄荷油进行处理，以使衬衫保鲜时间更长。

服装修补

学习修补衣服是一项非常有用的技能。DIY缝纫和针织车间为消费者提供了这一帮助。荷兰记者马丁·波斯特马（Martine Postma）在阿姆斯特丹进行了一项实验，邀请一群朋友去"修补咖啡厅"，这是一项免费活动，人们可以带来破损的物品，并与志愿者一起尝试修复它们。在这项实验取得巨大成功后，波斯特马成立了"修补咖啡基金会"（The Repair Café Foundation）。如今，在35个国家的地方社区有2000家"修补咖啡厅"。[113]

提供免费服装维修服务的时尚品牌也在不断增加。巴塔哥尼亚（Patagonia）的"旧衣新穿计划"（Worn Wear Program）以弹出式修理车为特点，客户可以带来旧的服装修复（见第150页）。同样，旧金山的经典男装品牌泰勒·斯蒂奇（Taylor Stitch）也会清洗和修复其二手产品，然后以折扣价在其线上平台Restitch上销售。巴塔哥尼亚和泰勒·斯蒂奇都是耶德尔（Yerdle）的合作伙伴，这是一家帮助品牌建立和运营服装翻新和转售计划的公司。

消费者作为共同创造者

与未来的用户合作，共同或部分地进行共创设计，因为如果拥有产品的所有权，用户就不太愿意放弃该产品。把用户放在流程的开始，而不是仅仅将他们视为最终的接收者，会使用户的使用旅程更加循环。

这一过程还为品牌提供了一个直接与消费者互动的宝贵机会，消费者一旦认定它们在共享经济的可持续性努力中发挥了重要作用，就会比以往更加信任品牌。

共享经济：人们通过免费或付费的手段共享财产和服务的经济系统，通常使用互联网来组织。
——剑桥词典

小型时装品牌的创新是与消费者进行共同创造，将服装和配饰的制作过程数字化，从而探索循环性。一家专注于原创和可持续性的罗马尼亚-丹麦创新工作室Solve推出了一系列可下载的手袋图案，称为S-bags，消费者可以作为共同创作者利用家里的二手材料制作物

泰勒·斯蒂奇的Restitch平台,修复并赋予了服装新的生命。

品。S-bag可以在消费者附近的制作室制作,这是一个公共空间,里面有各种工具和机器,如激光切割机和3D打印机。共同创造的感知价值是,通过参与创造,消费者对产品形成更大的依恋,使用的时间可能更久。

消费者作为用户

年轻消费者的消费态度已经发生了转变,他们更倾向于获得更多的商品和服务,而不是拥有所有权。根据世界经济论坛研究,共享经济在不久的将来有望增长,因为消费者变得更加习惯于短期租赁商品和服务,而不是直接购买。尽管时装租赁公司已经存在,但该概念可

能会发展为更多的订购模式和基于品牌的模式(见第113~115页)。

LENA时装图书馆于2014年在阿姆斯特丹成立,是一家网络商店,消费者可以随时在这里租借二手和复古的衣服,就像在普通的图书馆借书一样。若要使用这项服务,消费者需要支付一定的费用,获得借衣服的积分。

对于那些想要频繁改变风格的消费者来说,通过租借模式借用服装是一个非常有吸引力的选项。

消费者作为当地公民

独立设计师或知名品牌通过进行本地化设

可从丹麦解决设计工作室
（Solve Design Studio）下
载的S-bag。

LENA时装图书馆旗舰店，位于阿姆斯特丹的韦斯特斯特拉特。

计和生产来构建较短的供应链。这种本地制造的方法带来了许多优势。

1. **建设当地经济**：当消费者购买当地制造的服装时，资金在当地流通，创造了就业机会，进一步巩固了当地社区的经济基础。

2. **将消费者与产品背后的人联系起来**：当消费者了解他们购买的当地产品和服务背后的人时，他们就会享受这种原本不会拥有的关联。

3. **确保更好的质量控制**：服装的生产国也往往是其质量的一个指标。例如，一件没有经过四处运输的服装，在到达零售商的货架时，状态会更好。

4. **减少碳足迹**：总结起来就是，服装在整个供应链中的运输量将大幅减少，物流更清洁，对环境的影响也降低了。

5. **产生更少的废物**：消除不必要的运输和交付也意味着减少包装的使用量。

美国户外品牌北面的"纤维后院"（Fibershed Backyard）项目是该品牌首批投放市场的生物区域服装项目之一。该项目于2014年启动，与北面的品牌文化相一致，致力于在距加利福尼亚州阿拉米达市（Alameda）品牌总部150英里（240千米）的范围内，尽可能多地制造服装。

北面品牌"纤维后院"项目的服装，该项目将消费者与本地生产商和产品联系起来。

生物资源：以自然环境特征而不是人为划分界定的区域。

—— 莱克西科

该项目直接扶持了当地纤维种植户。有机棉是在当地种植的，但梳理、纺纱和编织是在北卡罗来纳州和南卡罗来纳州进行的，因为加州北部地区没有工厂可以进行这一工作。这看起来距离似乎有点远，因大多数材料都需要经过数千英里的路程才能到达时装品牌的设计工作室和消费者的衣橱。

数字消费

日常生活的数字化彻底改变了我们消费时尚的方式。许多人认为，像Instagram这样的"看到就买"（See now，Buy now）应用程序的即时满足感，对业界和全球都是有害的，因为它们支持一种随手可得的时尚文化。然而，通过互联网和社交媒体，大多数消费者也有更多的机会获得更多关于他们的服装选择对环境造成影响的信息，这最终会导致更有意识和有意义的消费。

> 思考：
> 哪些好处会驱使消费者从拥有衣服转向租借衣服？

循环领导者：苏珊娜·斯穆尔德（SUZANNE SMULDERS）、安吉拉·詹森（ANGELA JANSEN）、戴安娜·詹森（DIANA JANSEN）、艾莉莎·詹森（ELISA JANSEN）

2006年，安吉拉、戴安娜和艾莉莎姐妹开始在他们的网上商店Doortje Originals销售二手衣服，这是荷兰第一家古董网络商店。她们很快意识到，人们只穿过几次二手衣服。她们与朋友苏珊娜·斯穆尔德合作，提出了一个壁橱的概念，用户可以随时从中借用他们想要的新东西。LENA时装图书馆于2014年在阿姆斯特丹成立，该事业的成功得益于4位女性都有时尚和设计行业的背景。

怀着共同的热情，每个女人在店里都扮演着不同的角色。戴安娜是时装设计师和采购员，负责服装的整理；安吉拉负责视觉展示和图像；艾莉莎负责业务和人事；苏珊娜则专注于沟通和公共关系。

她们希望看到将来整个行业从"所有权"转向共享访问，用租借共享取代贩售。

第10章
工具、评估和标准

消费者每天都在选择购买什么和从谁那里购买。他们越来越希望购买产品的公司与自身价值观相符：具有社会责任感、对人友好，在安全、健康的环境中生产产品。公司使用评估工具和认证作为衡量和验证其产品的环境可持续性的一种手段——这些信息可以传达给客户。

循环标准

循环型品牌是地球的精心管理者，这些品牌将他们的环境足迹最小化。循环型品牌可以提供认证或可验证的详细资料，说明他们产品生产方式和生产条件。引领潮流的品牌正在采取措施，使用有机棉和环保材料，减少能源或水的消耗，或消除生产中的有毒化学物质。他们正在设定目标，并告知客户进展情况。

评估评分工具可以衡量产品开发周期中材料对环境可持续性的影响。它帮助企业理解和预测其业务决策对环境所产生的影响。

各个独立组织的认证都侧重于建立和执行环境标准。公司可以在标签、包装或者商店里使用这些认证，作为其可持续发展的检验和证明。

共益企业

"共益企业"（简称B Corp）是获得非营利性的B实验室认证的企业，该认证符合社会和环境绩效、法律责任和公共透明度严格的评估标准。[114] 为了获得"共益企业"认证，公司需要评估分数达80分以上，也必须有一个法律声明，明确表示在做出决策时将考虑到其所有利益相关者。[115]

共益企业：对平衡利润和积极的社会与环境绩效的企业的认证。
——麦克米伦词典

户外服装零售商巴塔哥尼亚（Patagonia）在2012年注册为首批B Corp时装公司之一。如今，在全球70多个国家和150个行业中，有3000多家B Corp认证的公司。[116]

产品生命周期

追求更高社会和环境标准，以及B Corp等认证的时尚品牌，可能会对其产品和制作过程进行生命周期评估（LCA）。

一个产品的生命周期是指从原材料到产品

巴塔哥尼亚致力于创造更强大的
社区和更健康的环境。

进入市场再到退出市场的所有阶段。产品生命周期的所有阶段都会对环境产生影响，并可能导致诸如气候变化、水毒性和自然资源枯竭等问题。

生命周期评估

生命周期评估是衡量产品从开始到使用结束对环境影响的一种工具。意味着对产品从原材料到生产、包装、运输、零售、消费者使用、处置或循环利用的所有阶段进行考虑和分析。

在决定使用LCA之前，品牌必须确定他们希望通过评估实现什么，以及他们想要评估的生命周期阶段和影响类型。

纤维、设计或工艺都是可以用来表明服装寿命以及环境损害程度的因素。

许多品牌使用LCA来评估产品"从摇篮到坟墓"的过程——即从原材料到最终处置。有些品牌也评估产品"从摇篮到大门"的过程，即从原材料到工厂。循环时尚的评估是"从摇篮到摇篮"，即从原材料到回收点，而不是最终处置。

品牌可以采用多种方法和工具来执行LCA。LCA也可以用于在不同产品之间进行比较，以衡量哪种产品对环境影响最小。品牌通过LCA能更好地了解他们的产品。

生命周期评估方法

获得由B Lab颁发的B Crop认证的产品生命周期评估研究方法如下：

- 编制清单，包括能源和材料的投入、环境产出。
- 评估并确定与投入和产出相关的潜在环境影响。
- 结论说明，有助于做出更好的对人类健康和环境有积极影响的产品、流程和活动决策。

生命周期评估的好处

在提供关于如何应对时尚品牌可持续性挑战的信息方面，生命周期评估发挥着重要作用。LCA的好处包括：

- 确定环境影响：LCA结论可以表明品牌在开发过程的早期是否具有可持续性的真正潜力，并进行下一步创新。公司可以引入或重新评估可持续性计划、方案和过程。
- 产品设计和工艺改进：LCA可以促进产品和工艺的设计和重新设计，从而减少总体环境影响，减少有毒材料的使用和释放。[17]
- 客户和利益相关者的参与：公司可以将结论传达给他们的客户和行业，让他们提出改进的措施并加强新产品的市场地位。

希格指数

希格指数（Higg Index）是一套由可持续服装联盟（SAC）用来评估纺织品生产的制造设施、品牌和产品影响的可持续性评估工具。

LCA过程中的4个主要步骤：

1.目标和范围	2.生命周期清单分析	3.生命周期影响评价	4.解释说明
确定预期的应用（目标），哪些过程涉及环境问题，以及所涉及的产品或服务产生的所有经济或社会利益（范围）	审查与产品或服务相关的环境投入和产出的过程，例如，原材料和能源的使用、污染物的排放和废物流	根据环境影响对数据进行分类，按因素的重要性评估这些影响，并将其转化为诸如全球气候变化、自然资源、污染和人类健康等主题	分析影响评估数据，得出结论是否可以实现既定的目标和范围。确保结论和建议得到充分证实

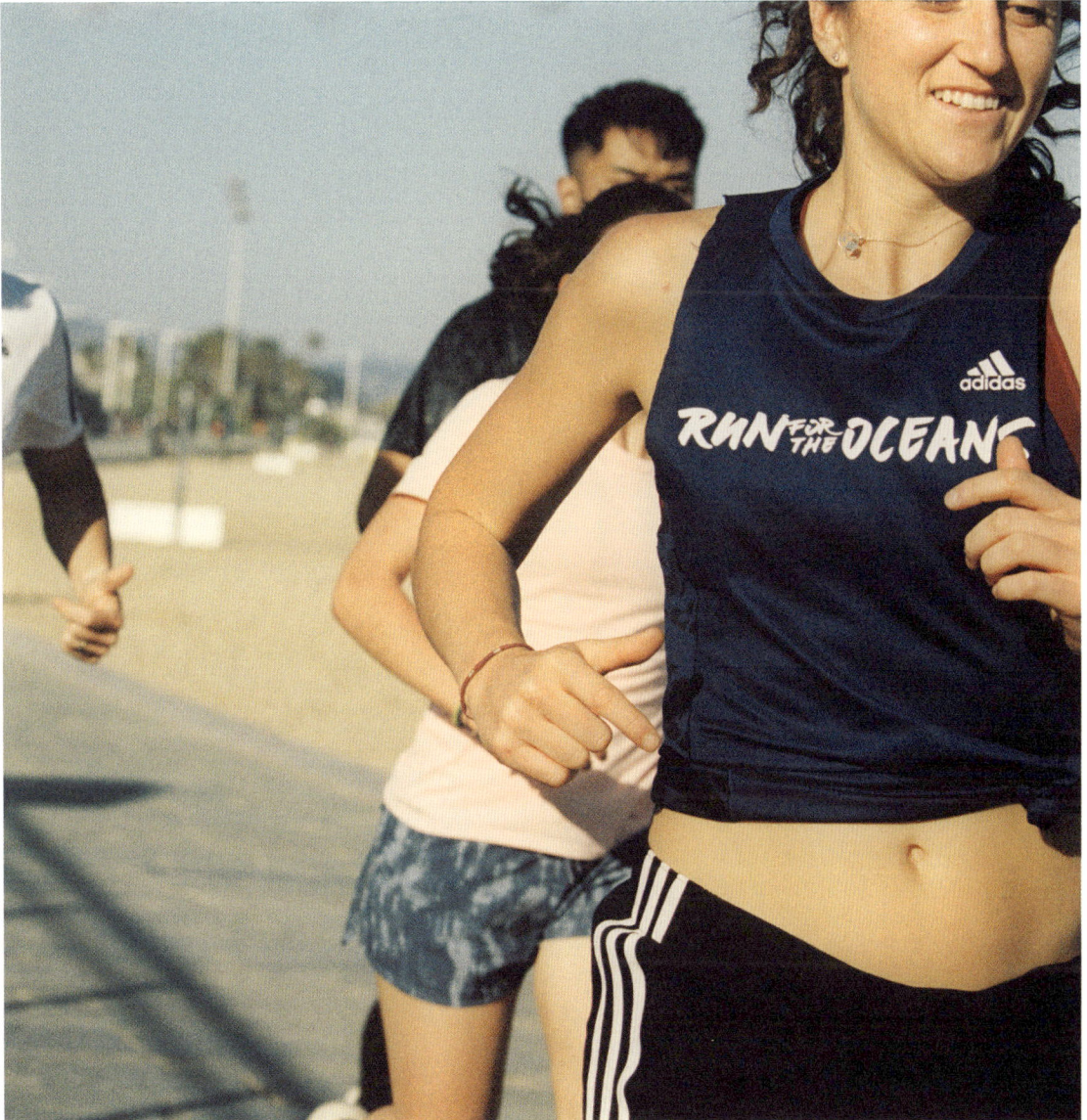

阿迪达斯 Alphabounce + Parley 运动服装，由回收的海洋塑料废料制成。阿迪达斯会进行生命周期评估，以了解其产品对环境的影响。

希格指数评估工具包括产品工具、设施工具以及品牌和零售工具：

1. **产品工具**：可用于产品的设计和完成阶段，以预测对环境的影响。

2. **设施工具**：用来衡量单个工厂的影响，并进行评估，然后由SAC认可的现场评估人员进行验证。

MISTRA未来时尚：生命周期评估示例

Mistra未来时尚是一个专注于循环经济的研究计划，该计划为瑞典时装业和其他利益相关方提供解决方案，用来改善环境绩效和增强全球竞争力。

采用Mistra未来时尚的生命周期评估方法，使用碳足迹、能源利用、水资源短缺、土地利用对土壤质量的影响、淡水利用、生态毒性和人类毒性等指标，对6种服装（T恤、牛仔裤、连衣裙、夹克、袜子和医院制服）的环境影响进行评估。然后将这6种服装的环境影响按比例放大，以代表瑞典一年内全国服装的消费量。

下面的图表总结了瑞典一年内的服装购买和使用总量，其中两项指标的结果分别为碳足迹和能源消耗。

瑞典服装消费对气候的影响

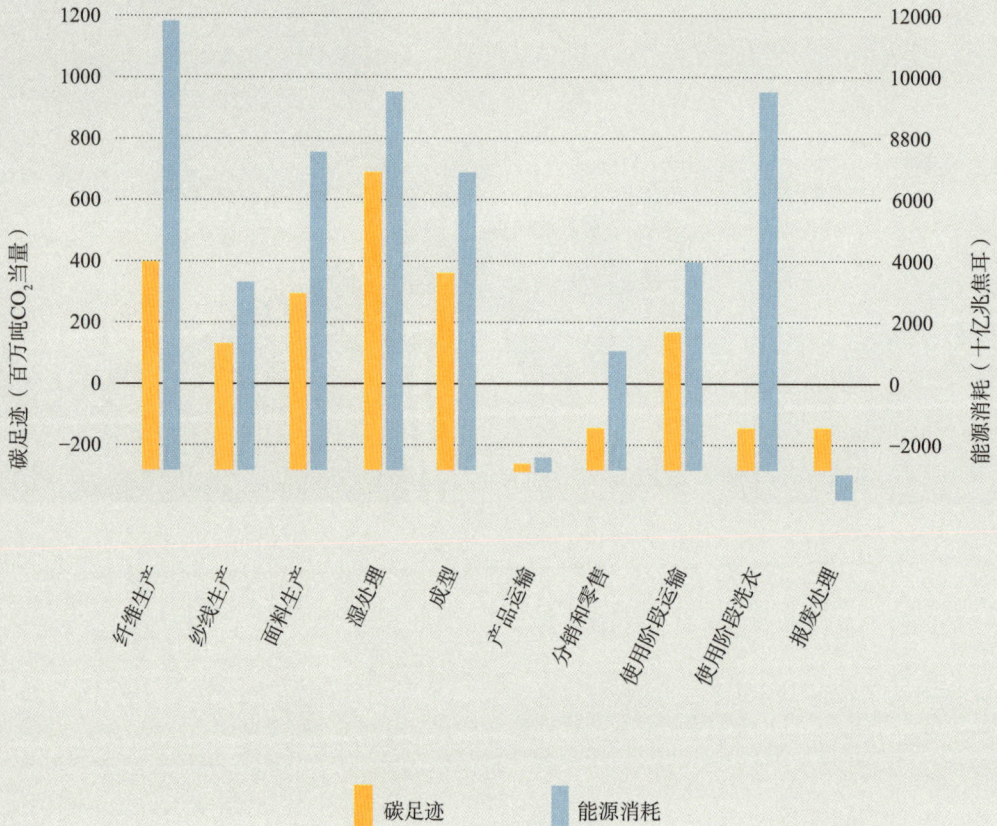

碳足迹（百万吨CO₂当量）

能源消耗（十亿兆焦耳）

纤维生产 纱线生产 面料生产 湿处理 成型 产品运输 分销和零售 使用阶段运输 使用阶段洗衣 报废处理

■ 碳足迹 ■ 能源消耗

对LCA结果的解释发现，瑞典服装消费的80%的气候影响源于生产阶段。这意味着大多数环境影响发生在服装零售或到达消费者手中之前。

最后，Mistra未来时尚生命周期评估报告得出结论，生产者和消费者都可以帮助减少服装消费对气候的影响。生产者可以从技术生产改进开始，用户可以做出行为上的改变，如减少消费或回收利用。⑱

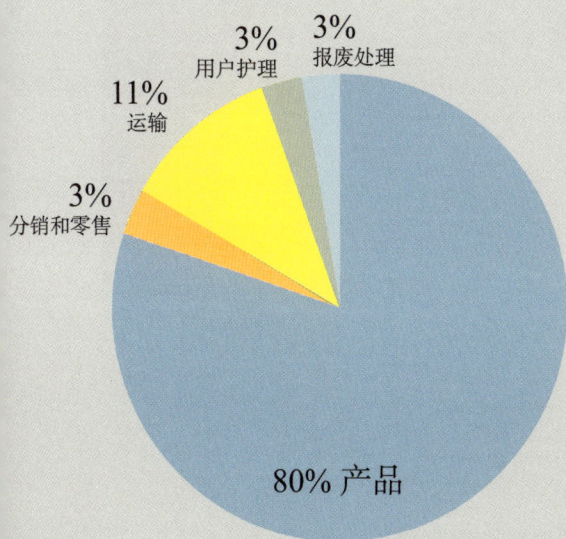

3%
报废处理

3%
用户护理

11%
运输

3%
分销和零售

80% 产品

3. **品牌和零售工具**：用来衡量品牌或零售商运营对环境的影响。

SAC有200多名成员使用希格指数工具套件来衡量可持续性。成员包括一些全球著名品牌，如阿迪达斯、迪斯尼（Disney）、盖璞、李维斯、耐克和塔吉特（Target）。⑲

摇篮到摇篮认证

摇篮到摇篮认证™是专门为循环经济而设计的全球公认的更安全、更具可持续性的产品。摇篮到摇篮认证（C2C）确保产品保持在一个连续的循环中，没有浪费。为了获得认证，产品需要根据C2C设计原则进行评估。该认证提供了5个关键类别的指导：

1. 材料健康是指了解产品中的化学物质和材料，保证它们是安全的。
2. 材料利用是指产品被有意设计成能安全地返回自然或工业，供下次使用。
3. 可再生能源和气候管理意味着，未来清洁能源将为制造业提供动力并产生积极影响。
4. 水资源管理是指管理和保护水资源，使之成为人人共享的宝贵资源。
5. 社会公平维护所有人的人权和负责任的商业行为。

C2C产品计划是基于持续改进的概念，因此在标准的5个关键需求类别中，每个类别都有5个可能达到的水平：

· **基本级**：评估了环境风险并制定了政策。
· **青铜级**：在最后的制造阶段制定了战略。
· **银级**：管理系统到位，收集和分析了环境数据。
· **黄金级**：建立了负责任的采购管理系统。

来自欧洲C&A 品牌的C2C 认证^{TM}牛仔裤。
C&A 是第一家推出黄金级C2C 认证^{TM}T恤衫的品牌。

· **白金级**：在实现公司目标的同时，全面纳入了环境目标。

　　为了在每个类别内达到预期的成就水平，除了达到所有较低级别的要求外，产品还必须满足该级别的所有要求。[120] 2017年，荷兰国际服装连锁品牌C&A成为第一家推出一系列获得G2级C2C认证^{TM}的T恤衫的零售商。这些T恤衫价格合理，完全由生物棉制成，传统用尼龙或聚酯纤维制成的标签和缝纫线也由生物棉制成。染色和印花是与制造无毒染色染料的化学公司合作创造的。T恤衫如果被丢弃堆肥，将在11周内分解。

摇篮到摇篮和时尚循环

　　由C2C发起的"时尚积极倡议"（Fashion Positive Initative）与斯特拉·麦卡特尼和玛拉·霍夫曼（Mara Hoffman）等品牌合作，以减少浪费，并安全、公平、高效地生产衣服。C2C认证^{TM}是同类标准中唯一能够确保所有创建的材料可重复使用或堆肥的标准。

**循环领导者：伊冯·乔纳德
（YVON CHOUINARD）**

C2C产品设计方法意味着有机棉种植者可以在不使用有毒肥料和杀虫剂的情况下种植他们的作物，因为没有使用任何化学物质，那些参与生产过程的人也不会接触有害化学物质。此外，通过使用可再生能源、抵消碳排放和在生产过程中保持水质清洁，C2C认证的™产品既支持生态系统的健康，也支持它们生产的社区健康。

伊冯·乔纳德是一位美国环保人士，也是一位登山者、冲浪者、渔夫和作家。1973年，他在加利福尼亚州的文图拉创立了巴塔哥尼亚公司，为攀登者和登山者开发硬件设备和服装。20世纪80年代，他在一次阿根廷南部的攀岩活动中，亲眼目睹了由开发商导致的可怕的土地退化现象，之后他便投身环保主义。

出于对环境的考虑，巴塔哥尼亚公司尽可能负责任地生产服装，避免对环境造成不必要的伤害。2012年，它成为加州第一家B Crops认证公司，遵循严格的劳工标准以及社会和环境标准。此外，乔纳德承诺到2025年，巴塔哥尼亚公司将实现碳中和。

该公司还专注于产品的质量和产品的耐用性。他认为，随着产品生命周期的延长，碳足迹会相应减少。

乔纳德坚信每次他做出的对地球有益的决策都会盈利，巴塔哥尼亚公司的成功证明了避开快时尚，也可能经营一个高利润的、成功的企业。巴塔哥尼亚至今还是一个家族企业，多年来它已经成长为一个价值数十亿美元的全球品牌，并正在向最终的使命"做最好的产品，做典范品牌"而迈进。

思考：
为什么品牌接受生命周期评估很重要？你认为像C&A这样的零售商如果进行LCA评估，是否可以变得更具可持续性并保持盈利能力？

案例研究#4：使用/保养/修复

巴塔哥尼亚：修理车

巴塔哥尼亚（Patagonia）是一个美国户外用品和服装品牌，创建于1973年，由倡导环保管理的登山者伊冯·乔纳德（Yvon Chouinard）创办。自成立以来，该品牌一直采取可持续的做法，包括使用有机和回收材料，并鼓励消费者不要购买新产品，而是关心他们已经拥有的产品。"旧衣新穿计划"（Worn Wear Program）是这一精神的重要组成部分。

巴塔哥尼亚旧衣新穿计划的发展历程

2013年 为了庆祝"我们穿衣的故事"（The Stories We Wear）推出旧衣新穿电影和博客。

2014年 艺术家兼冲浪运动员杰伊·尼尔森（Jay Nelson）用回收的红木酒桶建造了一辆维修马车，使用的是生物柴油。

2015年 巴塔哥尼亚在美国开启了首次旧衣新穿移动修理之旅。截至2019年，旧衣新穿团队已经在北美做了12次额外的旅行。

2016年 在欧洲开始了首次旧衣新穿之旅，在5个国家停留了50站。

2017年 启动wornwear网站。

2018年 在南美开始了首次旧衣新穿之旅。

2019年 在日本开始了首次旧衣新穿之旅。

旧衣新穿的活动是什么样子的？一群维修技术人员和品牌大使首先在社交媒体上发布这一消息，鼓励顾客把他们破旧、损坏的衣服拿来修补。接下来，巴塔哥尼亚的"迪莉亚"（Delia）的生物柴油修理车（如对页图所示）

上路了。活动在货车停放的地方举行。"迪莉亚"修理车配备了自给自足的电力系统，可以使缝纫机脱离电网运行，并提供拉链、纽扣、线和补丁。该活动提供任意品牌的免费服装维修服务，DIY维修技巧，有时还会提供二手巴塔哥尼亚装备的交易。修理车会停留在大学校园、零售商店、生态活动场所、农场或出现在各种节日期间，将消费者已经拥有的东西保持在使用中，并远离垃圾填埋场。

除了致力于循环性和产品寿命，巴塔哥尼亚已经成为服装维修领域的领导者。自2015年旧衣新穿之旅开始以来，巴塔哥尼亚已将维修员工数量从35人增加到84人，并增加了第二个班次以满足需求。巴塔哥尼亚服装维修厂是北美同类维修厂中规模最大的，每年完成约5万次维修。[20] 该公司还与在线维修手册 iFixit 合作，创建维修指南，以便客户能够轻松地自己进行维修。旧衣新穿平台非常成功，顾客可以在永久的在wornwear网站购买二手巴塔哥尼亚商品，并在巴塔哥尼亚零售商店、巴塔哥尼亚网站或旧衣新穿网站对他们不再使用的巴塔哥尼亚商品进行交易。

讨论问题：

1. 巴塔哥尼亚的维修服务是如何鼓励顾客少买衣服的？

2. 旧衣新穿之旅为何如此成功？

3. 服装修复在哪些方面帮助消费者变得更环保？

弗雷塔格提供约4500种独
特的产品。

第五部分

再生

第11章
使用结束

时装供应链中的浪费贯穿消费者使用产品的整个过程，包括服装处理。无论是作为生产者还是消费者，要成为时尚产业负责任的参与者，就要减少浪费。最理想的选择是节约资源，但是当我们不再需要一件衣服时该怎么办呢？

不浪费就不缺乏

即使新的循环模式延长了服装的生命周期，但服装仍然最终会被焚烧或送进垃圾填埋场。

焚烧

众所周知，许多品牌会焚烧自己不想要的衣服，以保持其独一无二的品牌形象。销毁多余的库存是为了防止产品被盗或打折出售。

2017年，奢侈品牌博柏利烧毁了价值3780万美元的废弃衣物和化妆品。公众对此提出了批评，并重新引发了对这种浪费行为的审视。博柏利迅速承诺，将停止销毁自己不需要的或过剩的产品。⑫

法国是唯一一个对纺织品生产商实施EPR（生产者延伸责任）法规的国家。巴黎老佛爷百货公司集团有自己的可持续发展战略，并将坚持实施。

垃圾填埋

自工业革命以来，过时的废弃物会被丢弃在垃圾填埋场。

垃圾填埋法：把废物埋在地下处理的方法。

——柯林斯词典

今天，数十年的废弃衣物被丢弃在垃圾填埋场。这些衣服和纺织品分解时会释放甲烷，甲烷是一种有害的温室气体，是导致气候变化的重要因素（见第77页）。化学品和染料也会渗入土壤和水中，造成污染并危害人类和野生动物。[123]

在循环经济中，垃圾填埋场将是等待进一步加工或处理废物的临时存储场所，而不是永久性解决方案。一种称为"垃圾填埋场增强开采"的过程旨在通过从垃圾填埋场抢救这些废料来回收废料的价值。通过回收这些资源并将它们重新在市场出售，这个系统可以将旧的废弃物重新引入新的物料循环中，创建一个完全封闭的循环系统。[124]

有很多方法可以延长服装的使用寿命。随着人们逐渐意识到线性系统的负面影响，越来越多的消费者正在寻求解决方案，来重复使用和处置不需要的衣服。换句话说，我们如何"丢弃"衣服很重要——这和我们如何制作衣服一样重要。

生产者延伸责任制（EPR）

随着垃圾的堆积，政府越来越多地要求生产者对他们产生的垃圾负责。生产者延伸责任制（EPR）是指生产者对其在市场上生产和销售的产品的整个生命周期负有责任，既包括财务责任又包括实物责任，特别侧重于产品报废管理。EPR提供激励措施，以从源头上防止浪费，促进生态设计并支持实现公共回收。

法国是目前唯一对纺织品生产商强制实施EPR的国家。自2007年以来，法国生产和进口服装、亚麻制品和鞋类的公司依法负责直接管理其产品的收集、再利用和回收。[125]

不需要的衣服去哪儿了？

| 捐赠 | 修补 | 循环或上升循环 | 垃圾填埋 | 重新出售 | 重新利用 | 出口 |

返修计划

回收计划在零售商的销售点收集用过的衣服和纺织品，通过再利用或回收使它们焕然一新（见第112～113页）。公司可以与材料加工单位合作或通过内部回收系统实施回收计划。

绝大多数服装品牌尚未被立法要求承担其产品报废回收的责任。有的零售商会通过在他们的店铺设置服装回收箱来承担生产服装的社会和环境的责任，但是这些物品回收之后呢？只有一些有责任感的零售商会确保回收后处理方法是妥当的。零售商可以雇用材料加工公司来组织服装的运输、分类和转移，以供再利用。例如，I:CO是一家瑞士公司，与美国品牌北面、李维斯等约60家零售商合作，从美国和欧洲的回收点收集废弃的衣服、鞋子、皮带和包。收集到的衣服将被运送到回收工厂分类，然后进行处理，以便可以再利用或以二手的形式转售。

对于零售商而言，实施回收计划有多个好处：

- 可持续的最终使用解决方案。
- 减少纺织品废料对环境的影响并节约资源。
- 使不需要的衣物得以重新利用，避免浪费材料。
- 使客户参与零售商的可持续发展计划。
- 鼓励客户更可持续地使用衣服。

鼓励回收的消费者激励措施（例如，优惠券和礼品卡）有效地转移了垃圾填埋场的纺织品。Knickey是一家有机棉内衣初创企业，为那些把自己不想要的内衣、胸罩、袜子和紧身衣寄给该品牌的顾客，提供免费送货的服务和一套内衣。该品牌与工业回收商合作，将收集到的物品进行粉碎，然后将这些材料降级处理成隔热材料。

降级回收： 从废弃的较高价值的物品或材料中创建较低价值的物品或材料。
—— 韦氏词典

也有不同的观点认为这些激励措施和奖励最终会增加新的服装消费，从而产生更多的废物流。然而，大多数品牌都认为有必要采取一些激励措施，鼓励消费者把他们不想要的衣服带回商店，而不是直接扔掉。

循环利用

闭环循环是指零售商或制造商制订了一个使用结束流程，并将所收集的物品重新用于自己的系统中。开环循环是指服装、纺织品得到回收、分类和加工，最终在各个行业中重复使用。

循环回收计划

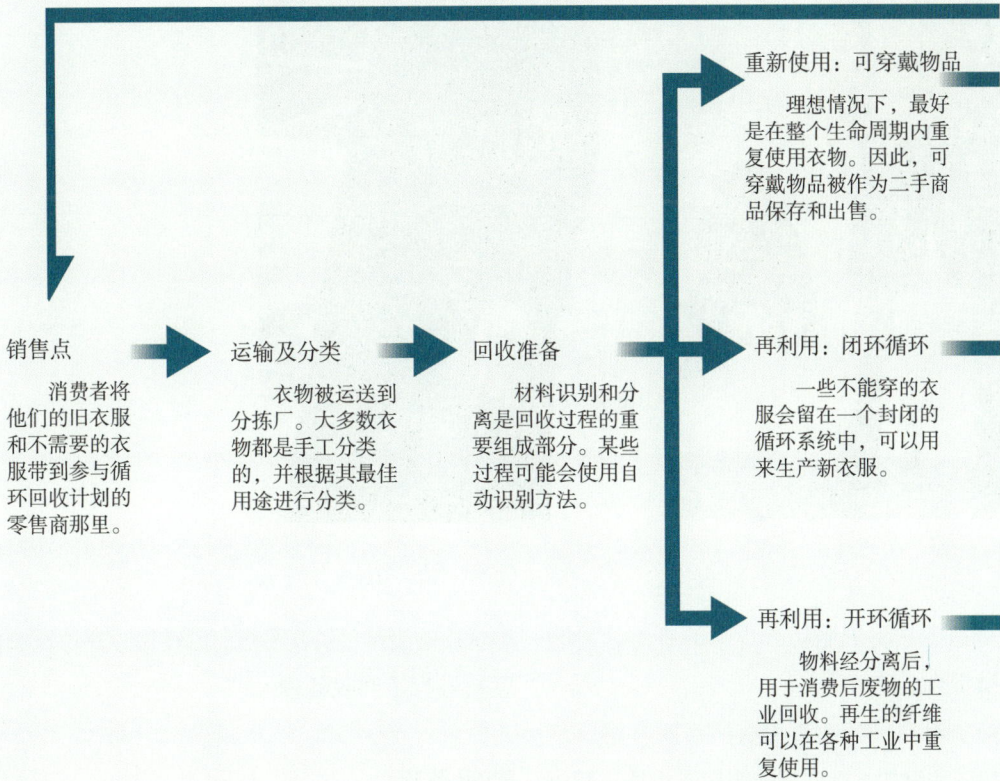

重新使用：可穿戴物品

理想情况下，最好是在整个生命周期内重复使用衣物。因此，可穿戴物品被作为二手商品保存和出售。

销售点

消费者将他们的旧衣服和不需要的衣服带到参与循环回收计划的零售商那里。

运输及分类

衣物被运送到分拣厂。大多数衣物都是手工分类的，并根据其最佳用途进行分类。

回收准备

材料识别和分离是回收过程的重要组成部分。某些过程可能会使用自动识别方法。

再利用：闭环循环

一些不能穿的衣服会留在一个封闭的循环系统中，可以用来生产新衣服。

再利用：开环循环

物料经分离后，用于消费后废物的工业回收。再生的纤维可以在各种工业中重复使用。

收集与整理

消费后捐赠的衣物通常是从放置在公共场所的大垃圾箱或弹出式收集箱中取走的。垃圾箱通常被放置在交通流量大、能见度高的地方，如零售商店、商业中心的停车场和购物中心，以便最大限度地获得捐赠。

衣物被收集后，就会分为可穿戴物品和不可穿戴物品。可穿戴物品可以捐赠给慈善组织或指定转售。不可穿戴的物品将被送到加工厂。

回收处理

如果衣服是由一种纤维制成的，分类和回收就很容易。遗憾的是，今天生产的大多数服装都是由合成聚酯和棉花混纺而成，这影响了回收方法和服装耐用性。手工分拣过程提高了再生纺织品的价格，使其难以与原材料（未经处理的材料）竞争。

对于天然纺织品，如棉花和羊毛，通常按颜色和材料分类。然后根据回收纤维的最终用

左图和右图：RAEMADE设计系列，来自Christopher Reaburn 2020春夏系列New Horizons。Reaburn不再举办时装秀，因为会造成浪费。

途，用机械方法将衣服切成更小的纤维，再与其他纤维混合。

聚酯类材料的回收过程有所不同。第一步是拆下拉链和纽扣，然后把衣服切成小块。较小的碎片被粉碎成更细的颗粒，熔化并纺成新的纤维。

由于回收过程会拉伸并削弱纤维，因此只有一小部分的回收衣服可用于制造新的纺织品。发展回收技术，最大限度地提高回收材料的价值，扩大再生纤维的市场，是实现循环时尚系统规模化的关键。

FABSCRAP是纽约的一个非营利性纺织品回收项目，它允许品牌将不需要的纺织品送到其仓库，从而将纺织品从垃圾填埋场转移出去。自2017年以来，该公司的"垃圾呆子"（Trash Nerds）团队已收集了超过23万磅（104,300千克）的商业纺织品废料。[126] FABSCRAP保留了最优质的废料，供其零售商店转售，并对较小的废料进行了回收处理。

升级改造

升级改造通常利用现有的服装，可以是消费前废物，也可以是消费后废物，或者两者兼而有之。

升级改造：用创新的方式重新利用废弃的物品或材料，从而创造出具有比原来更高质量或价值的产品。
—— 牛津词典

使用现有织物是生产衣服最环保的方法之一。虽然升级改造通常与具有美学素养的手工艺或手工艺设计师相关，但创意和技术正在使

不再浪费

"不再浪费"（Wáste No More）是一次关于社会废弃服装现实的展览，同时展示了当代设计中回收材料的内在美学。由可持续服装品牌伊林费雪开发，不需要的服装被转化为艺术品，提醒消费者循环时尚经济的重要性。

本次展览希望观众反思消费者造成的浪费，并从"少即是多"的哲学理念中获得启发。

服装品牌伊林费雪"不再浪费"展览和店铺活动，布鲁克林，纽约，2019年。

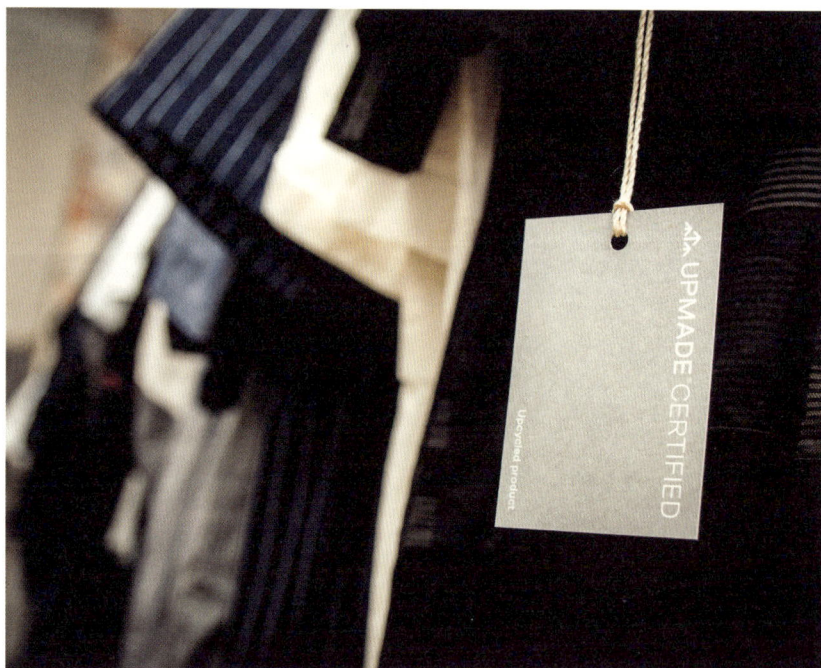

UPMADE® 服装是从无毒的生产残余物升级改造而来的。

这种设计方法得到扩展。

英国设计师克里斯托弗·雷伯恩（Christopher Raeburn）是可持续发展的主要倡导者，"改造、减少、回收"是他的品牌精神，该品牌利用不需要的服装、老式军用降落伞、救生筏和20世纪50年代的丝绸地图等物品制作出独特而实用的服装和配饰。

升级改造可能意味着获得一些少量的没有价值的东西，例如，生产废料，要对其重新设计以增加价值。爱沙尼亚的时装设计师雷特·奥斯（Reet Aus）倾向于缓慢而合乎道德的时尚模式。她的升级改造系列成衣完全来自生产废料。并使用循环模式，使剩余的材料在同一工厂内重新投入生产。大多数大规模生产的制造商平均只剩下18%的消费前纺织废料，这些废料通常被运往垃圾填埋场或焚烧。雷特·奥斯系列中的每件衣服都按照UPMADE®认证标准进行升级，平均节约75%的水和88%的能源。[127]

UPMADE®

UPMADE®是一项使品牌能够以工业规模升级改造并获得认证的技术。多余的材料变成衣服，废物被带回到消费链中。

首先，利用品牌订单中的设计、面料和生产信息进行废物分析，以确定可以使用哪种类型的剩余材料。其次，进行环境分析，以确定升级改造可以节省哪些资源。

再次，利用特定的生产数据，设计一种新的升级改造产品，并生成样品。每个样本都要附加一份生命周期评估的结果，该评估要详细说明它节省了多少能源和水，避免了多少CO_2排放和浪费。最后，下订单，将升级改造后的产品投入生产。

出口

　　许多人会将自己衣柜里过量的旧衣服捐赠给慈善机构。虽然捐赠可以延长服装的使用寿命，但许多消费者可能没有意识到，当他们把不需要的衣服捐赠给慈善商店时，大部分衣服会被运往国外市场。那些可穿戴的捐赠服装可能会被转售，但绝大部分物品都被包裹在巨大的塑料袋中运往国外。美国、英国和欧洲国家等发达国家是全球二手衣服的主要供应商。

　　根据麻省理工学院经济复杂性观察站的数据，世界上大部分出口的二手服装最终都在发展中国家销售，特别是不发达国家。[128] 巴基斯坦是目前最大的二手服装进口国，市场占有率为11%，紧随其后的是马来西亚，市场占有率为7.1%。[129]

　　规范二手服装贸易的贸易政策经常引起争议。二手服装的涌入创造了就业机会，但是许多国家的二手服装贸易已经取代了当地的服装制造，并抑制了国内工业的复兴或未来的发展。

思考：
纺织品废物的空前增长大多是由快速时尚和消费者行为推动的。您可以通过哪些方式妥善处理不需要的衣服？

循环领导者：克里斯托弗·雷伯恩

　　克里斯托弗·雷伯恩是英国一家具有社会责任感的设计公司Raeburn的创始人和创意总监。他毕业于著名的皇家艺术学院，在创办自己的设计工作室之前，他是一名自由职业者，主要给时装公司担任剪裁师。在2008年的伦敦设计周上他推出了自己的第一个胶囊系列，一系列可双面穿着的服装，并在2016年被GQ年度男士奖评为年度突破性设计师。

　　雷伯恩以设计为导向，将良好的设计与可持续的生产实践结合起来，确保服装可以完全回收利用。2017年，他与奢侈品牌MCM合作创建了一个胶囊系列，以他标志性的重塑美学，解构和重新制作了MCM现有的手袋。

　　他直言不讳地批评盲目的大规模消费，甚至通过在黑色星期五大减价期间关闭了他的线上商店来表达这一态度。

　　位于伦敦东部的Raeburn工作室不仅是一个制作工作室，还是一个创意社区中心，会举办一些研讨会和参观活动，以启发他人。

第12章
合作与创新

对于我们大多数人而言，时尚是解答我们是谁、我们想成为谁以及我们如何看待世界的途径。然而，要让时尚变得循环和可持续，就需要彻底的重新设计。

到2030年，时尚产业的价值预计将达到3.3万亿美元（2.5万亿英镑）。[130] 据联合国称，如果到2040年我们还没有对环境足迹做出重大改变，那么我们可能会遭遇严重的全球气候灾难。

我们迫切需要建立一个强大的协作和创新生态系统，以解决未来可能遇到的障碍，加速时尚行业向循环系统的过渡。新一代的时尚创造者和创新者正在塑造这个星球的未来，他们利用新技术和循环模式来创造产品，这些产品可以回收利用，或者最大限度地减少原始材料、水、能源和化学品的使用，重新设计新的产品。

合作

在循环时尚经济中，合作非常重要，因为供应链内外的每个人都是相互依赖的，并且可以从具有共同目标的精简的伙伴关系中获得更多的利益。使行业从线性思维转向对大局的理解，关注各个部分之间的联系，以较强的洞察力寻找解决方案是循环的核心。合作、互惠、透明度和信任是时尚循环成功的重要因素。企业、政府、教育工作者和消费者都需要共同努力。

商业

只有大公司互相合作，形成新的创意经济体并共享解决方案，循环才能规模化地向前发展。工业共生等创新方法使公司之间结成合作伙伴关系，以找到将一种生产过程的废物用作另一种生产过程的原料的方法。[131] 例如，X公司与Y公司交换废物流，然后Y公司在自己的流程中使用这些废物。

工业共生是指三方或更多方之间废物和副产品的互利交换。
—— 循环经济实践者指南

透明度是公开性的，只有通过透明的做法，公司才能学习、共享相关数据和信息，才能比较朝着共同目标所做的努力。许多品牌通过埃伦·麦克阿瑟基金会（Ellen MacArthur Foundation）的"时尚通告"（Make Fashion Circular）计划走到了一起，其目的是"确保衣服由安全且可再生的材料制成，采取新的商业模式会增加服装的使用次数，旧衣服会变成新

2019年的哥本哈根时尚峰会，聚焦时尚界的可持续发展问题。

衣服。"⑫ 当品牌相互交流并分享经验时，彼此的信任度会随着他们的合作而增加。

政府

政府和私营企业领导在大型活动中的协作努力至关重要。政府和政策制定者需要制定一个改革蓝图，强制品牌遵守更高的标准。投资者要支持循环品牌，而媒体则必须加强宣传继续提高人们对该行业问题的认识。

法国总统伊曼纽尔·马克龙（Emmanuel Macron）和开云集团首席执行官弗朗索瓦－亨利·皮诺（François-Henri Pinault）在2019年发起了"时尚公约"（Fashion Pact）。联合全球多家时装和纺织公司，共同聚焦减少对环境的影响。"时尚公约"致力于落实科学的目标，力争在2050年实现零温室气体排放，将全球变暖的温度保持在2.7°F（1.5°C）以下。到2100年，恢复自然生态系统，保护物种，减少使用一次性塑料，保护水生生物和海洋。

消费者或用户

虽然许多消费者不了解时尚行业的环境代价，但越来越多的人相信，他们的个人抗议行为，例如，抵制一家公司或在社交媒体上发表言论，可以改变公司乃至政府的行为。消费者不再仅仅是商品和服务的购买者，他们也是积极的利益相关者，会投入时间和精力，有强烈的使命感。

教育工作者

教育在促进可持续时尚方面发挥着关键作用。今天我们面临的问题和挑战恰好是学生们探索当前现状和积极推动未来变化的课题。一些学校正在与时尚组织和品牌合作，研究快时尚的影响。例如，致力于减少服装浪费的英国慈善机构Traid在学校开展了有关产品生命周期、循环和回收、修复和修补、良好公民意识和环境管理等主题的项目。以互动式研讨会和团队合作的形式指导学生用批判性思维更深入地了解当前的问题。

设计师会将可持续性纳入自己的设计过程，许多大学和学校也将可持续性主题编入课程。课程系统性地探讨可持续性，并要求学生设计可持续性过程的每一步，而不仅仅是结果。"时尚革命"等组织会访问大学，提高学生对可持续性的认知。时尚革命还通过其网站提供一系列可下载的教育资源，并鼓励人们参与社交媒体活动，如"谁制作了我的衣服"。

青年时尚峰会（The Youth Fashion Summit）是一个教育平台和创意孵化器，"将来自世界各地的年轻行业人才连接起来，探讨当下的决策，传达下一代的声音，影响世界的明天。"⑬ 青年时尚峰会与哥本哈根时尚峰会和联合国紧密相连。

服装设计师和服装企业家可以为这个行业

提供很多东西，他们乐观的心态和远大的抱负将推动创意和创新向前发展。然而，许多企业缺乏资金，或启动业务的规划蓝图（计划）。由品牌和一些组织机构赞助的创业加速器（也称为种子加速器）可以为这些企业家提供好的机会、资金、指导和可持续时尚事业发展所需的资源。位于阿姆斯特丹的"好时尚—即插即用加速器"（The Fashion for Good–Plug and Play Accelerator）是一项密集计划，致力于寻找和扩展创新的商业模式和技术，推动时尚产业向循环、可持续发展的方向转变。

可持续的时尚教育可以由组织、活动家和品牌等多渠道提供。阿姆斯特丹的"时尚体验"（The Fashion for Good Experience）是一个互动博物馆，参观者可以了解服装的生产过程，发现可持续的产品，并探索时尚创新。入场时，参观者选择一个行动手环，作出可持续的承诺，如果他们提供个性化的时尚行动计划就可以获得徽章。参观者还可以使用该博物馆为消费者提供的数码打印机设计和定制自己

的"从摇篮到摇篮"认证™T恤，或者在Good GIF展台拍照，然后在社交媒体上分享。

代表人物

具有代表性的人物在引导公众寻求更循环的解决方案方面发挥着重要作用。为此，世界经济论坛和全球领导人论坛与埃森哲战略（Accenture Strategy）合作，于2014年启动了名为"循环"（The Circular）的循环经济奖励计划。该奖项旨在表彰为循环经济作出显著贡献的个人和组织。

创新

创新的技术和商业模式具有重塑时尚产业的巨大潜力。迈向循环时尚经济就要集体合作。重新思考和重新设计时尚，创造一个闭环系统，从材料到基础设施，都需要集创新、技术和知识共享为一体的新平台。

阿姆斯特丹时尚互动博物
馆，教育游客关于可持续时
尚的知识。

可持续材料

材料是时装生产商环境足迹的核心。全球纤维市场使用约1亿吨的原始纤维，其中合成纤维占了2/3。[14] 聚酯纤维源于原油，一些被称为微塑料的微小聚酯纤维碎片已经出现在海洋，危害了水生生物，污染了水域。

改用可持续的材料可以明显减少时装生产商的环境足迹。全球时尚议程的首席执行官估计，目前用有机替代品取代常规棉可以节省90%的淡水资源和62%的能源。[15]

溯源数字系统

全球供应链的主要短板是缺乏透明度和可追溯性。许多消费者希望在购买之前获得有关服装的更多信息，例如，用于制造服装的材料类型以及它的生产是否符合道德要求。同时，生产者希望推广其可持续产品并保护商品免受

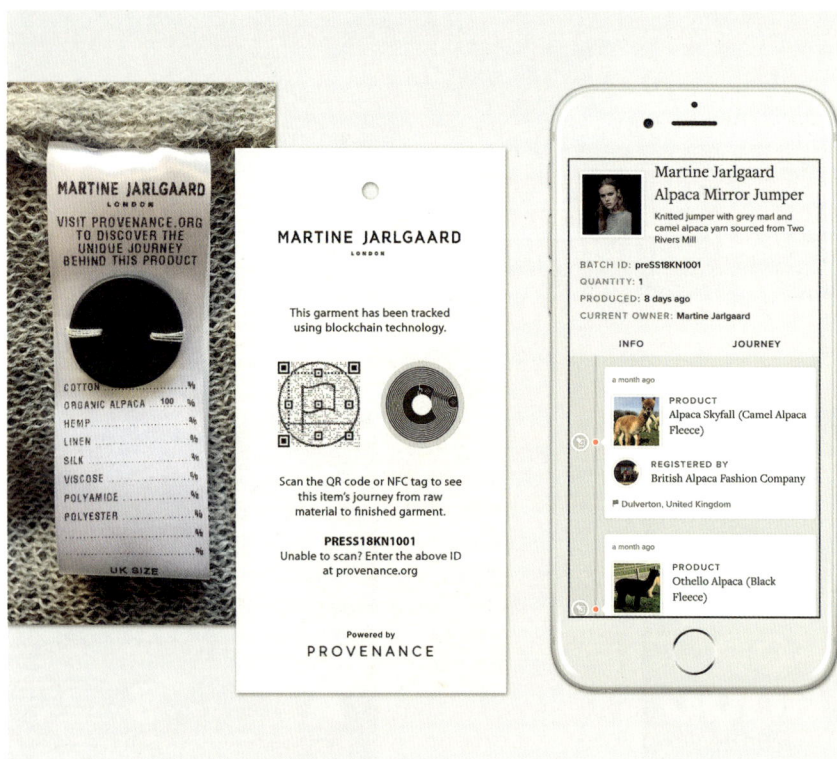

透明技术平台和咨询公司
*Provenance.org*与马丁·贾尔
加德（*Martine Jarlgaard*）于
2017年开始合作。他们开发
了区块链技术，使材料的状
态在产品供应链的整个长度
上都是透明和可追溯的。

仿冒的影响。

区块链技术有可能彻底改变时尚产业的供应链。消费者使用移动设备扫描条形码，就可以获得与该产品相关的大量信息。消费者可以验证服装的材料成分及其可持续性或循环性。该技术还可以确保传达给消费者的信息是安全可靠的。

区块链：包含信息（例如，财务交易记录）的数字数据库，可以在大型、分散、可公开访问的网络中同时使用和共享这些信息。
—— 韦氏词典

然而，目前很少有确定的标准来定义区块链网络应该如何运作。再加上企业和消费者缺乏技术意识，阻碍了这项技术更广泛的应用。[136]

回收技术

因可减少浪费和保护自然资源，回收在循环时尚经济中发挥着至关重要的作用。小规模的创新回收技术正在兴起，将衣服加工成可再利用的资源，避免填埋。每年制造服装要用到近6000万吨的新（原生）纤维，但是与造纸、铝和钢铁行业相比，时尚行业并没有大规模回收使用纺织品的计划。[137]

当前循环性最大的挑战之一是将大量纺织废料转化为价值更高的可重复使用资源所需的回收技术的开发，以及在保持经济可行性的前提下在全球范围内扩大规模的能力。

当然，目前已经取得了一些进展，2019年，英国初创企业 Worn Again Technologies 开设了一个试点研发设施，来开发聚合物回收技术，并获得了专利。从摇篮到摇篮™认证的工艺可以从不可重复使用的纺织品中分离、净化和提取聚合物和纤维素，从而创造出支持闭环系统的新产品。

同样，诺维纺织有限公司（Novetex Textiles Ltd.）在2019年推出了比利系统（The Billie System）。这个创新的系统可以使纺织废料循环利用，不需要使用水，也不会产生化学废料，每天可以处理多达3吨的再生纤维。这种纤维可以与原始材料结合，创造出新的服装。

如果我们从循环设计开始，使用更少的材料，推广租赁和维修模式，并应用逆向智能供应链，我们就可以为回收技术创造更多的发展空间，最终让今天的资源再生为明天的资源。

思考：

个人、企业和教育工作者如何合作创造未来的创新时尚产品和服务？这些产品和服务如何应对行业目前面临的挑战？

循环领导者：伊娃·克鲁斯（EVA KRUSE）

全球时尚议程是一家非营利组织，由伊娃·克鲁斯创立。该组织对时尚产业的有害和浪费行为采取大胆和紧急的行动，致力于在时尚行业推广可持续发展的理念。

自2009年以来，全球时尚议程举办了著名的哥本哈根时尚峰会，这是一个以商业为中心的活动，时尚业领导者们齐聚于此，探讨行业如何才能实现更加可持续的未来。

案例研究5：再生

伊林·费雪：循环时装设计师

1984年，美国时装设计师伊林·费雪（Eileen Fisher）仅以350美元（合285英镑）创立了自己的同名服装品牌。她渴望创造出简单、舒适的服装，来改善女性的生活。如今，伊林·费雪40%的员工拥有公司股份，公司获得了B-Corp认证，是可持续发展的领先企业。

2009年，该公司启动了"绿色伊林"（Green Eileen）的服装回收项目，从消费者那里收回不需要的本品牌服装。到目前，该项目已经从垃圾填埋场转移了大约120万件被丢弃的伊林·费雪品牌服装，有的被重新制作、有的再利用、有的被修补、有的被再次出售。破损得无法修复的衣服被拆解，在纽约欧文顿的伊林·费雪小工厂里重新生产，打上新品牌的标签。

作为费雪的"更新"（Renew）计划的创意总监，设计师莱拉·霍维茨（Lilah Horwitz）既是艺术家、设计师，也是项目创意者。她曾就读于纽约帕森斯设计学院，同时攻读时装设计和可持续设计专业。在那里她选择了一个小型的新兴项目——综合设计，与提倡慢时尚的设计思维先驱者们一起工作，学会了质疑行业的行为，确定了自己的设计准则，并在自己的成衣系列中进行表达。

霍维茨每年在品牌伊林·费雪推出3个Resewn成衣系列，在eileenfisher.com网站和精选商店中出售。她表示，这些成衣系列代表着"对我们所知的零售行业的彻底背离，通过使用旧的材料制作展示限量版的设计，颠覆这个行业"。

循环设计与传统服装设计的不同之处在于，新创意并非源于想象力或灵感，而是源于手头的服装和纺织品，解构、重建，直到拥有漂亮的新产品。据霍维茨说，处理二手或损坏的服装面临的最大挑战之一就是如何扩大规模："作为一名设计师，我将大部分时间都花在整理服装和挑选感兴趣的物品上。这个过程中最耗时的部分就是解构。在拆解每个部件之前，必须先考虑它们的最终状态，以防我们会切掉可能在下一个设计中需要的接缝。由于这些成衣系列无法用任何正常的生产方法缝制，因此我和我的缝纫合作伙伴开发了一种新的构造语言。我与他们密切合作，他们是设计过程中不可或缺的部分。"

霍维茨认为，循环设计是值得的，因为年轻一代越来越关注可循环："他们精通二手衣服，知道如何识别价值。独一无二将成为下一个焦点"。

因此，时尚行业的未来掌握在设计师的手中，他们认为，只有认识到一个完整的供应链流程（收集、分类、清洁、维修、再制造、回收）的复杂性，才能进一步解决纺织品废弃物问题并行成闭路循环。

问题讨论

1. 描述传统时装设计师和循环时装设计师的异同。

2. 使用被丢弃或损坏的衣物作为材料来源有哪些挑战？

3. 为什么Renew服装被称为"独一无二"的服装？这些服装与传统的伊林·费雪服装有什么不同呢？

上图: *伊林·费雪设计工作区中回收的服装、原型和创意工具。*

中间图: *在重建过程中,将很多件衣服的最佳特征缝合在一起。*

右图: *受损的服装被改造成独特的、独一无二的设计,保持了纺织品的价值。*

词汇表

农业经济：以农业劳动力和大宗商品为中心的农村经济。

韧皮纤维：从某些植物的茎中收集的长纤维，用于纺织制造，例如，亚麻、黄麻。

蜡染：起源于印度尼西亚的一种染色技术，在染色之前，在整块布上涂上防蜡剂。

可生物降解性：一种材料被生物体分解并随时间推移而腐烂的能力。

仿生学：学习和复制自然元素，以解决人类设计问题的实践。

碳足迹：个人、公司、国家等的行为造成的CO_2排放总量。

梳理：一种纺织工艺，使用一系列分割和重新分配技术来分离单根纤维，使它们彼此平行放置。也确保了大部分杂质被去除。

纤维素：由植物碳水化合物纤维素制成的纤维，包括天然纤维（如棉、亚麻、荨麻等）或人造纤维（例如，莱赛尔纤维、莫代尔纤维、黏胶纤维）。

闭环系统：材料被回收并重复使用的系统。

企业社会责任：企业对其经营所在的社区和环境（包括生态和社会）的责任感。

从摇篮到摇篮（C2C）：可持续的商业策略，以自然界的再生循环为基础，即植物或生物的废弃物可丰富土壤，从而为另一种生命形式的生长提供营养。

去物质化：减少或消除用于制造产品的材料的数量。

二噁英：一种高毒性和高污染的化合物，是某些制造工艺的副产品。

毡合：将某些纤维或毛发，如羊毛或毛皮，结合或压缩以制成毡的过程。

细丝：一种非常细的纤维。

地理标签：一种电子标签，为各种媒介分配地理元数据。

重金属：一组金属化学元素，具有相当高的密度和原子量，有毒，特别是对环境。

生命周期评估：评估产品从原材料到产品被处理或回收的生命周期各个阶段对环境影响的分析技术。

莱赛尔：人造丝的一种，是一种合成纤维，由可持续发展的林场的木浆制成。

丝光处理：对纤维素纤维（一般是棉纤维）进行化学处理，以增加其光泽和对染料的亲和力。

超细纤维：一种合成纤维，由超细纱线制成，通常包括涤纶和尼龙。

微塑料：小于5毫米的塑料碎片，可以进入我们的水道，污染环境。

织造加工：用原材料制成织物的工艺，如精梳、纺纱、染色、织造和整理。

自然资本：世界自然资产存量，包括可再生资源，如光和风，以及不可再生资源，如矿物。

开环系统：材料被回收成其他产品的加工系统（即塑料瓶转变成纤维）。

点对点：在线社区，使不同背景和兴趣的人能够与其他人实时联系、协作、分享、借贷、租赁或购物。

全氟碳化合物（PFCs）：一组含有氟的人造有机化学品，用作纺织品的染色和防水表面处理。

石油：一种天然存在于地表下的液体，可以提炼成燃料。

聚酯：从石油化工产品中提取的合成材料。

聚对苯二甲酸乙二酯（PET）：用于合成纤维的聚酯类热塑性聚合物树脂。

聚合物：制造纤维的高分子物质。

消费后废物：消费者使用产品后产生的物料废弃物。

消费前废物：在产品到达消费者之前，在供应链的制造过程中产生的材料浪费。

人造丝：由再生纤维素制成的纤维或纺织品（见纤维素纤维）。

收入来源：公司或组织机构的收入来源。

上浆：在经纱表面涂上一层保护性的胶粘涂层，以减少织造过程中纱线的断裂。

智能工厂：拥有高度数字化和自动化的生产设施，其中人为干预是最小的。

溶剂：一种能溶解另一种固体或物质的物质，通常是液体。

创业加速器：有固定期限，与其他公司一起实施，帮助新兴企业成长的计划。加速器通常包括某种形式的初始投资、指导和教育。

接触点：企业与其客户之间的接触点或互动点。

芯吸：通过设计或处理纺织品使水分远离皮肤，使穿着者保持干燥、通风和舒适的工艺。常用于户外或技术服装。

索引

注释

Introduction

1. Worth, R., *Clothing and Landscape in Victorian England*, London: I.B. Tauris (2018), p.158

2. DeMeo, S., "Dacron polyester: The Fall from grace of a miracle fabric," *Science as Culture*, 5:3 (1996), pp.352–372

3. *The Light Bulb Conspiracy* (2010), [Documentary Film], directed by Dannoritzer, C., Spain: Media 3.14

4. Inditex, *How We Do Business: Design*: https://www.inditex.com/how-we-do-business/our-model/design (accessed May 2020)

5. Morgan, L., and Birtwistle, G., "An Investigation of Young Fashion Consumers' Disposal Habits," *International Journal of Consumer Studies*, 33 (2009), pp.190–198.

6. Business of Fashion, *Richard Saghian, Founder & Chief Executive Fashion Nova*, https://www.businessoffashion.com/community/people/richard-saghian (accessed May 2020)

7. Runnel, A., Castle, N., Oja, D. & Bhuiya, H., "Creating a Digitally Enhanced Circular Economy: Insight from research among fabric and garment factories of China and Bangladesh". *Reverse Resources White Paper*, (2017)

8. Global Fashion Agenda and Boston Consultancy Group, *Pulse of the Fashion Industry Report* (2017), p.12

9. Ellen MacArthur Foundation, *A New Textiles Economy: Redesigning Fashion's Future* (2017), https://www.ellenmacarthurfoundation.org/assets/downloads/publications/A-New-Textiles-Economy_Full-Report_Updated_1-12-17.pdf (accessed May 2020)

Chapter 1

10. Idaho Forest Products Commission, *The Lifecycle of A Forest: As trees grow forests evolve*, https://idahoforests.org/content-item/tree-forest-life-cycle/ (accessed May 2020)

11. Biomimicry Institute, *What is Biomimicry?* https://biomimicry.org/what-is-biomimicry/ (accessed May 2020)

12. Flint, R. W., *Practice of Sustainable Community Development: A Participatory Framework for Change*, New York: Springer (2013), p.112

13. World Forum on Natural Capital, *What is natural capital?* https://naturalcapitalforum.com/about/ (accessed May 2020)

14. Brismar, A., *Origin and definition of circular fashion*, Green Strategy, https://www.greenstrategy.se/circular-fashion-definition/ (accessed May 2020)

15. Nosto, *Consumer Survey: Sustainability in Fashion Retail*, (2019), p.3

16. Kraaijenhagen, C., van Oppen, C., and Bocken, N., *Circular Business: Collaborate and Circulate*, Amersfoort: Circular Collaboration Publishers (2016)

17. Ellen MacArthur Foundation, *Towards a Circular Economy: Business Rationale for an Accelerated Transition* (2015), https://www.ellenmacarthurfoundation.org/assets/downloads/TCE_Ellen-MacArthur-Foundation_9-Dec-2015.pdf (accessed May 2020)

18. http://www.product-life.org/ (accessed May 2020)

19. Hawken P., Lovins, A., and Lovins, L., *Natural Capitalism: The Next Industrial Revolution*, London: Earthscan Publishing (2010)

20. Ellen MacArthur Foundation, *Make fashion circular*, https://www.ellenmacarthurfoundation.org/our-work/activities/make-fashion-circular (accessed May 2020)

Chapter 2

21. Blanchard, T. (2015), "Stella McCartney's vow to help Vivienne Westwood become a sustainable fashion designer," *Daily Telegraph*, http://fashion.telegraph.co.uk/news-features/TMG11496956/Stella-McCartneys-vow-to-help-Vivienne-Westwood-become-a-sustainable-fashion-designer.html (accessed May 2020)

22. IDEO U, *Design Thinking*, https://www.ideou.com/pages/design-thinking (accessed May 2020)

23. Amed, I., *Stella McCartney: Change Agent* (2015), Business of Fashion, https://www.businessoffashion.com/community/voices/discussions/can-fashion-industry-become-sustainable/stella-mccartney-change-agent (accessed May 2020)

24. Cartner-Morley J., "Paris fashion week: Stella McCartney unveils 'fur free fur' (2015)," *The Guardian*, https://www.theguardian.com/fashion/2015/mar/09/paris-fashion-week-stella-mccartney-unveils-fur-free-fur (accessed May 2020)

25. ibid

26. Strauss C.F., and Faud-Luke, A., *The Slow Design Principles: A new interrogative and reflexive tool for design research and practice*, published and presented at Changing the Change: Design Visions, Proposals and Tools, Torino, July 2008

27. The Waste and Action Programme (WRAP), *Extending the Life of Clothes* (2015), https://www.wrap.org.uk/content/extending-life-clothes (accessed May 2020)

28. Tom Cridland, *30 Year Clothing: Terms of 30 Year Guarantee*, https://www.tomcridland.com/collections/merch/products/the-30-year-sweatshirt-sherbet-lemon (accessed May 2020)

29. Brown, S., and McQuaid, M., *Scraps: Fashion, Textiles and Creative Reuse: Three Stories of Sustainable Design*, New York: Cooper Hewitt (2016)

30. Tom of Holland, *The Visible Mending Programme: making and re-making*, tomofholland.com (accessed May 2020)

31. Tortora, P. and Eubank, K., *Survey of Historic Costume* (5th ed), New York: Fairchild Publications, Inc., (2009), p.452.

32. Suzanne Lee, *BioCouture*: www.launch.org/innovators/suzanne-lee/ (accessed May 2020)

33. Yalcinkaya, G., "The world's first blockchain clothing sells for $9500, An extremely online dress," *Dazed Digital*, (29 May 2019), https://www.dazeddigital.com/fashion/article/44631/1/worlds-first-digital-blockchain-dress-clothing-sold-for-9500-beauty-3000 (accessed May 2020)

Chapter 3

34. Global Fashion Agenda and Boston Consultancy Group, *Pulse of the-Fashion-Industry* (2017); Petty, W., *Can Fashion Stop Climate Change?* (20 January 2019) *Common Objective*, https://www.commonobjective.co/article/can-fashion-stop-climate-change (accessed May 2020)

35. Villemain, C., *UN launches drive to highlight environmental cost of staying fashionable* (25 March 2019), United Nations News, https://news.un.org/en/story/2019/03/1035161 (accessed May 2020)

36. Ellen MacArthur Foundation, *Concept: What is a circular economy?*, https://www.ellenmacarthurfoundation.org/circular-economy/concept (accessed May 2020)

37. *Scientific American*, "What Impact Has Activism Had on the Fur Industry?" (15 June 2009), https://www.scientificamerican.com/article/impact-activism-on-fur/ (accessed May 2020)

38. Deutshe Well, "Conservation and Fashion: What is the impact of using exotic animal skins?", https://www.dw.com/en/conservation-and-fashion-what-is-the-impact-of-using-exotic-animal-skins/a-49156030 (accessed May 2020)

39. Theodosi, N., "Selfridges to Ban Exotic Skins" (26 February 2019), *Women's Wear Daily*, https://wwd.com/fashion-news/fashion-scoops/selfridges-ban-exotic-skins-1203054356/ (accessed May 2020)

40. Sheridan, S.A., Brooks, M.,& Metreveli, L., "Seller Beware: California Bans Fur and Alligator Skin Products", Steptoe, https://www.steptoe.com/en/news-publications/seller-beware-california-bans-fur-and-alligator-skin-products.html (accessed May 2020)

41. Serratore, A., "Keeping Feathers Off Hats–And On Birds (May 15 2018), *Smithsonian Magazine*, https://www.smithsonianmag.com/history/migratory-bird-act-anniversary-keeping-feathers-off-hats-180969077/ (accessed May 2020)

42. Re:Down, *Our Recycling Process*, https://www.re-down.com/down-recycling-our-processes (accessed May 2020)

43. International Sericulture Commission, *Statistics: Global Silk Industry*, https://inserco.org/en/statistics (accessed May 2020)

44. PETA UK, *The Silk Industry*, https://www.peta.org.uk/issues/animals-not-wear/silk/ (accessed May 2020)

45. ibid

46. Eileen Fisher, *Organic Fibers: Why Organic Linen Matters*, https://www.eileenfisher.com/organic-linen (accessed May 2020)

47. World Wildlife Fund (WWF), *Cotton*, https://www.worldwildlife.org/industries/cotton (accessed May 2020)

48. Textile Exchange, *Preferred Man Made Cellulosics* (2018), Textile Exchange Learning Center, https://hub.textileexchange.org/learning-center/mmcellulosics (accessed May 2020)

49. Global Fashion Agenda and Boston Consultancy Group, *Pulse of the Fashion Industry Report* (2018)

50. Harrington, R., "By 2050, the oceans could have more plastic than fish (26 January 2017), *Business Insider*, https://www.businessinsider.com/plastic-in-ocean-outweighs-fish-evidence-

report-2017-1 *(accessed May 2020)*

51. Kharpal A., *"Adidas sold 1 million shoes made out of ocean plastic in 2017"* (14 March 2018), **CNBC**, https://www.cnbc.com/2018/03/14/adidas-sold-1-million-shoes-made-out-of-ocean-plastic-in-2017.html *(accessed May 2020)*

52. Chip[s] Board, **Materials,** https://www.chipsboard.com/materials *(accessed May 2020)*

Chapter 4

53. Fletcher, K., *Sustainable Fashion and Textiles: Design Journeys,* London: Earthscan (2008), pp.49–50

54. REWE Group, *Detox Program Hazardous Substance Fact Sheet-Per-and Polyfluorinated Compounds (PFCs)* (2016), p.4

55. Greenpeace International, *Footprints in the Snow,* (2015), https://www.greenpeace.org/international/publication/6943/footprints-in-the-snow/ *(accessed May 2020)*

56. Green America, **Toxic Textiles the Environmental and Social Impacts of our Clothing Report** (2019), https://www.greenamerica.org/sites/default/files/2019-07/GA_TextilesReport_Final_0.pdf *(accessed May 2020)*

57. Zion Market Research, *"Denim Jeans Market By Type, By End-Use, and By Distribution Channel: Global Industry Perspective, Comprehensive Analysis, and Forecast, 2018–2025",* 2019

58. Anastas, P. T. and Warner, J. C., **Green Chemistry: Theory and Practice,** Oxford University Press: New York (2000)

59. McKinley, C., *"Instead of Wasting Trillions of Gallons of Water Every Year, 'World's First' System Dyes Fabrics with CO2"* (2019), **Good News Network,** https://www.goodnewsnetwork.org/worlds-first-water-free-system-dyes-fabrics-with-co2/ *(accessed May 2020)*

60. Ellen MacArthur Foundation, *A New Textiles Economy Fashioning the Future: Summary of Findings* (2017), p. 20

61. Corless, V., *"Cleaning Up After Fast Fashion",* **Advanced Science News,** https://www.advancedsciencenews.com/cleaning-up-after-fast-fashion-a-strategy-to-remove-toxic-dye-from-wastewater/ *(accessed May 2020)*

62. Outdoor Industry Association Sustainability Working Group, **Getting Started Guide for Brands: Sustainable Materials** (July 2017)

63. Hill, C.W.L., Jones G.R., & Schilling, M., *"Case 5 Tenfold Organic Textiles",* **Strategic Management: Theory & Cases: An Integrated Approach** (11th ed.), Boston: Cengage Learning (2014), p.81

64. Kiprop, Joseph. *"The Most Polluted River in The World: The Citarum River"* (2017), **WorldAtlas,** , worldatlas.com/articles/the-most-polluted-river-in-the-world-the-citarum-river.html *(accessed May 2020)*

65. Levi Strauss & Company, **Recycle & Reuse Standard and Guidelines** (2016), https://www.levistrauss.com/wp-content/uploads/2019/03/Laundry-Recycle-and-Reuse-Manual-LSCo-2016.pdf; and Levi Strauss & Company, **Sustainability: Recycling Water to Make Your Jeans** (2014), https://www.levistrauss.com/2014/02/19/recycling-water-to-make-your-jeans-infographic/ *(accessed May 2020)*

66. United Nations, **Climate Change, Fashion Industry, UN Pursue Climate action for Sustainable Development** (22 January 2018), https://unfccc.int/news/fashion-industry-un-pursue-climate-action-for-sustainable-development ; *UN Intergovernmental Panel on Climate Change (IPCC)* (2018), https://www.ipcc.ch/sr15/ *(accessed May 2020)*

Chapter 5

67. United Nations Environment Programme & International Resource Panel, **Resource Efficiency: Potential and Economic Implications** (March 2017)

68. Cordero, R., *"Li Edelkoort: 'Fashion is Old Fashioned'"* (5 December 2016), **Business of Fashion,** https://www.businessoffashion.com/articles/voices/li-edelkoort-anti-fashion-manifesto-fashion-is-old-fashioned *(accessed May 2020)*

69. **Death, Injury and Health in the Fashion Industry** (31 May 2018), *Common Objective Pro,* https://www.commonobjective.co/article/death-injury-and-health-in-the-fashion-industry *(accessed May 2020)*

70. https://www.fashionrevolution.org/tag/solidaritycenter/ *(accessed May 2020)*

71. Worker's Rights Consortium, https://www.workersrights.org/about/ *(accessed May 2020)*

72. IndustriALL Global Union, http://www.industriall-union.org/who-we-are *(accessed May 2020)*

73. United Nations, **The Universal Declaration of Human Rights,** https://www.un.org/en/universal-declaration-human-rights/ *(accessed May 2020)*

74. Carr, M., Alter Chen, M., and Tate, J., *"Globalization and Homebased Workers",* **Feminist Economics,** Vol. 6, No. 3. (December 2000)

75. UNITAR, https://unitar.org/about/news-stories/stories/ella-pad-innovative-solution-waste-reuse-make-low-cost-sanitary-napkin-garments-workers-bangladesh

(accessed May 2020)

76. **Gucci leads the conversation with open source digital EP&L on #WORLDENVIRONMENTDAY** (5 June 2019), http://equilibrium.gucci.com/wp-content/uploads/2019/06/Gucci-digital-EPL_ENG1.pdf *(accessed May 2020)*

77. Lillington, G., *"New autonomous Factory with 'Sewbots' to open in US"* (28 August 2017), **Fashion United,** https://fashionunited.com/news/fashion/new-autonomous-factory-with-sewbots-set-to-open-in-us/2017082817079 *(accessed May 2020)*

78. Nike, https://purpose.nike.com/waste *(accessed May 2020)*

Chapter 6

79. Meena, S., *eCommerce Will Account for 36% of Global Fashion Retail Sales by 2022* (13 November 2018), Forrester https://go.forrester.com/blogs/ecommerce-will-account-for-36-of-global-fashion-retail-sales-by-2022/ *(accessed May 2020)*

80. Chang, J., & Huynh, P., *"Asean in Transformation: The Future of Jobs at Risk of Automation"* (2016), *Working Paper No. 9, International Labour Organization,* https://www.ilo.org/actemp/publications/WCM5_579554/lang--en/index.htm *(accessed May 2020)*

81. *2018 Optoro Impact Report,* https://www.optoro.com/2018-impact-report/ *(accessed May 2020)*

82. Mui, W., *Reducing Greenhouse Gas Emissions Through Consolidated Returns Shipments: A Retail Study* (2018), Yorke Engineering LLC.

83. Chorley, J., *The Role of Environmental Sustainability in Freight Transportation* (2019), *Oracle,* https://www.oracle.com/a/ocom/docs/role-of-sustainability-in-freight-transportation.pdf *(accessed May 2020)*

84. Greene, S., *Tips for making CO2 a KPI for freight transportation* (16 July 2019), Green Biz, https://www.greenbiz.com/article/tips-making-co2-kpi-freight-transportation *(accessed May 2020)*

85. Edelstein, S., *3 billion cars by 2050 would need biofuels to offset climate impact: projection* (2 March 2017), Green Car Reports, https://www.greencarreports.com/news/1109132_3-billion-cars-by-2050-would-need-biofuels-to-offset-climate-impact-projection *(accessed May 2020)*

86. The World Bank Transport Overview, https://www.worldbank.org/en/topic/transport/overview *(accessed May 2020)*

87. International Maritime Organization, Key findings from the Third IMO GHG Study 2014, http://www.imo.org/en/OurWork/Environment/PollutionPrevention/

AirPollution/Pages/Greenhouse-Gas-Studies-2014.aspx *(accessed May 2020)*

88. Association of American Railroads, **Freight Railroads Help Reduce Greenhouse Gas Emissions** (April 2019), https://www.aar.org/wp-content/uploads/2018/07/AAR-Railroads-Greenhouse-Gas-Emissions.pdf *(accessed May 2020)*

89. Environmental and Energy Study Institute, Fact Sheet *The Growth in Greenhouse Gas Emissions from Commercial Aviation,* (October 2019), www.eesi.org/files/FactSheet_Climate_Impacts_Aviation_1019.pdf *(accessed May 2020)*

90. International Civil Aviation Organization, *"Destination Green: The Next Chapter 2019 Environmental Report Aviation and Environment",* https://www.icao.int/environmental-protection/pages/ENVrep2019.aspx; and European Aviation Environmental Report 2019, https://ec.europa.eu/transport/sites/transport/files/2019-aviation-environmental-report.pdf *(accessed May 2020)*

91. Global Green Freight, **Global Green Freight Action Plan,** http://www.globalgreenfreight.org/action-plan *(accessed May 2020)*

92. European Shipper's Council, https://europeanshippers.eu/projects/past-projects/green-freight-europe/ *(accessed May 2020)*

93. SpaceX, Hyperloop Alpha https://www.spacex.com/sites/spacex/files/hyperloop_alpha.pdf; and HyperloopTT, https://www.hyperlooptt.com/technology *(accessed May 2020)*

Chapter 7

94. Orendorff, A., *The State of the Ecommerce Fashion Industry: Statistics, Trends & Strategy,* (10 January 2019), Shopify Plus, https://www.shopify.com/enterprise/ecommerce-fashion-industry *(accessed May 2020)*

95. *thredUp 2019 Resale Report,* https://www.thredup.com/resale?tswc_redir=true

96. Eileen Fisher Renew, https://www.eileenfisherrenew.com/our-story *(accessed May 2020)*

Chapter 8

97. Lehman, M., Arici, G., Boger, S., Pardo, et al., **Pulse of the Fashion Industry 2019 Update** (2019), Global Fashion Agenda, Boston Consultancy Group & Sustainable Apparel Coalition, http://globalfashionagenda.com/Pulse-2019-Update/ *(accessed May 2020)*

98. Francis, T., & Hoefel, F., *"True Gen": Generation Z and its implications for companies* (November 2018), McKinsey & Company, https://www.mckinsey.

com/industries/consumer-packaged-goods/our-insights/true-gen-generation-z-and-its-implications-for-companies#; and Amed,I., et al., *The influence of 'woke' consumers on fashion*, McKinsey & Company (February 2019), https://www.mckinsey.com/industries/retail/our-insights/the-influence-of-woke-consumers-on-fashion *(accessed May 2020)*

99. Birdsong, *What we do*, https://birdsong.london/pages/what-we-do *(accessed May 2020)*

100. Bateman, K., *"How Reformation Became the Ultimate Cool Girl Brand for Sustainable Clothes" (February 2017), Allure*, https://www.allure.com/story/reformation-yael-aflalo-sustainable-fashion-brand (accessed May 2020)

101. Story mfg. *The Positive Product Manifesto*, https://www.storymfg.com/pages/manfifesto (accessed May 2020)

102. ibid.

103. "Sophie Slater, Co-Founder, Birdsong" (December 2019), *Drapers, https://www.drapersonline.com/people/sophie-slater-co-founder-birdsong (accessed 20 March 2020)*

Chapter 9

104. The True Cost, *Environmental Impact: Disposable Clothing*, https://truecostmovie.com/learn-more/environmental-impact/; and Adamczyk., A., *"Why Brands and Retailers Are Running With the 'Slow Fashion' Movement" (November 2014), Forbes*, https://www.forbes.com/sites/aliciaadamczyk/2014/11/20/why-brands-and-retailers-are-running-with-the-slow-fashion-movement/#144ee67cc642 (accessed *May 2020*)

105. Plastic Ocean Foundation, *Plastic Oceans: The Facts*, https://plasticoceans.org/the-facts/; and World Economic Forum, Ellen MacArthur Foundation & McKinsey & Company, *The New Plastics Economy: Rethinking the future of plastics (January 2016)*, https://www.ellenmacarthurfoundation.org/assets/downloads/news/New-Plastics-Economy_Background-to-Key-Statistics_19022016v2.pdf (accessed *May 2020*)

106. Ellen MacArthur Foundation, *The New Plastics Economy Global Commitment: Who's Involved*, https://www.newplasticseconomy.org/projects/global-commitment#whos-involved (accessed *May 2020*)

107. Ellen MacArthur Foundation, *The New Plastics Economy Global Commitment: Overview*, https://www.newplasticseconomy.org/projects/global-commitment#overview (accessed *May 2020*)

108. Paton, E., *"Extinction Rebellion Takes Aim at Fashion" (6 October 2019), The New York Times*, https://www.nytimes.com/2019/10/06/fashion/extinction-rebellion-fashion-protest.html; and Morley, J., "Extinction Rebellion activists target London Fashion week" (13 September 2019), the Guardian, https://www.theguardian.com/fashion/2019/sep/13/do-or-die-extinction-rebellions-die-in-london-to-end-with-fashion-funeral (accessed *May 2020*)

109. Gruener-Knopf, *Criteria*, https://www.gruener-knopf.de/kriterien.html (accessed *May 2020*)

110. Fashion Revolution, *What are Microfibers?*, fashionrevolution.org/category/water/

111. Sanchez, L.D., *France is Leading the Fight Against Plastic Microfibers (18 February 2020), Ocean Clean Wash*, https://www.oceancleanwash.org/2020/02/france-is-leading-the-fight-against-plastic-microfibers/ (accessed *May 2020*)

112. Water Footprint Calculator, *Indoor Water Use at Home (25 April 2020)*, https://www.watercalculator.org/footprint/indoor-water-use-at-home/; and Fashion Revolution, *Don't Overwash: it's time to change the way we care*, fashionrevolution.org/dont-overwash-its-time-to-change-the-way-we-care/ (accessed *May 2020*)

113. Kessler, D., *Activism: Meet the Woman Behind the Repair Café Movement (17 October 2019)*, IFIXIT, https://www.ifixit.com/News/33384/the-woman-behind-the-repair-cafe-movement (accessed *May 2020*)

Chapter 10

114. B Lab, *Certified B Corporation: About B Corps*, bcorporation.net/about-b-corps *(accessed 3 September 2019)*

115. B Lab, *Certified B Corporation, Certification Requirements*, https://bcorporation.net/certification/meet-the-requirements (accessed *May 2020*)

116. B Lab, *Certified B Corporation, Net Zero 2030*, https://bcorporation.net/news/500-b-corps-commit-net-zero-2030 (accessed *May 2020*)

117. United States Environmental Protection Agency, *Design for the Environment Life-Cycle Assessments*, epa.gov/saferchoice/design-environment-life-cycle-assessments (accessed *May 2020*)

118. Sandin, G., Roos, S., Spak, B., Zamani, B., & Peters, G., *Environmental assessment of Swedish fashion consumption—Six garments, sustainable futures (2019)*, Mistra Future Fashion, http://mistrafuturefashion.com/wp-content/uploads/2019/08/G.Sandin-Environmental-assessment-of-Swedish-clothing-consumption.Mistr

aFutureFashionReport-2019.05.pdf (accessed *May 2020*)

119. Sustainable Apparel Coalition, *Higg Materials Sustainability Index (6 August 2019)*, https://msi.higg.org/uploads/msi.higg.org/sac_textpage_section_files/27/file/MSI_Methodology_8-6-19.pdf (accessed *May 2020*)

120. C2C Certified, https://www.c2ccertified.org/get-certified/product-certification (accessed *May 2020*)

121. Patagonia, How We Extend the Functionality of Your Gear—and Repair It, https://www.patagonia.com/stories/extended-play/story-32985.html (accessed *May 2020*)

Chapter 11

122. Paton, E., *"Burberry to Stop Burning Clothing And Other Goods It Can't Sell" (6 September 2018), The New York Times*, https://www.nytimes.com/2018/09/06/business/burberry-burning-unsold-stock.html (accessed *May 2020*)

123. Planet Aid, *Lessening the Harmful Environmental effects of the Clothing Industry, (27 February 2018)*, https://www.planetaid.org/blog/lessening-the-harmful-effects-of-the-clothing-industry (accessed *May 2020*)

124. Smart Ground, *Enhanced Landfill Mining Toolkit for Municipal Solid Waste streams*, http://www.smart-ground.eu/download/LFM%20toolkit_pdf_final.pdf; and Laevers P., Tielemans, Y., Jones, P.T., et al., *Closing the Circle: enhanced Landfill Mining, (1 April 2011)*, Waste Management World, https://waste-management-world.com/a/closing-the-circle-enhanced-landfill-mining (accessed *May 2020*)

125. Watson, D., Kiørboe,N., Palm,D., et al., *EPR-systems and new business models: Part II: Policy packages to increase reuse and recycling of textiles in the Nordic region (2014)*, Nordic Council of Ministers, http://norden.diva-portal.org/smash/get/diva2:720972/FULLTEXT02.pdf (accessed *May 2020*)

126. Calma, J., "A scrappy solution to the fashion industry's giant waste problem" (2 August 2019), *grist*, https://grist.org/article/a-scrappy-solution-to-the-fashion-industrys-waste-problem/ (accessed *May 2020*)

127. Garage, *Trash to Trend: A Movement Towards Circular Fashion, (31 January 2019)*, Medium, https://medium.com/@wearethegarage/trash-to-trend-a-movement-towards-circular-fashion-150727e26c8d (accessed *May 2020*)

128. Brady, S., & Lu, S., *Why is the used clothing trade such a hot button issue?* (2 August 2018), Just-Style,

https://www.just-style.com/analysis/why-is-the-used-clothing-trade-such-a-hot-button-issue_id134132.aspx (accessed 15 August 2019)

129. The Observatory of Economic Complexity (OEC), *Used Clothing: Used Clothing Trade*, https://oec.world/en/profile/hs92/6309/ (accessed *May 2020*)

Chapter 12

130. Lehman, M., Arici, G., Boger, S., et al., *Pulse of the Fashion Industry 2019 Update (2019)* Global Fashion Agenda, Boston Consultancy Group & Sustainable Apparel Coalition, http://globalfashionagenda.com/Pulse-2019-Update/ (accessed *May 2020*)

131. FISSAC, *What is Industrial Symbiosis?*, https://fissacproject.eu/en/what-is-industrial-symbiosis/ (accessed *May 2020*)

132. Ellen MacArthur Foundation, *Make fashion circular*, https://www.ellenmacarthurfoundation.org/our-work/activities/make-fashion-circular (accessed *May 2020*)

133. Global Fashion Agenda, *Youth Fashion Summit 2019*, globalfashionagenda.com/event/youth-fashion-summit-2019/ (accessed *May 2020*)

134. Doboczky, S., *Ending the era of dirty textiles (17 September 2019)*, Sustainable Development Pact, World Economic Forum, weforum.org/agenda/2019/09/ending-the-era-of-dirty-textiles/ (accessed *May 2020*)

135. CEO Agenda, *Sustainable Materials Mix*, Global Fashion Agenda (2019), https://globalfashionagenda.com/ceo-agenda-2019/# (accessed *May 2020*)

136. The Lux Tag Project, *How is Blockchain Technology Changing the Fashion Industry? (13 January 2019)*, https://medium.com/luxtag-live-tokenized-assets-on-blockchain/how-is-blockchain-technology-changing-the-fashion-industry-3211d745d064 (accessed *May 2020*)

137. Doboczky, S., *op cit.*

FURTHER READING

Burgess, R. and C. White, Fibershed: Growing a Movement of Farmers, Fashion Activists and Makers for a New Textile Economy, Chelsea Green Publishing (2019)

Brown, S. and M. McQuaid, Scraps: Fashion, Textiles, and Creative Reuse: Three Stories of Sustainable Design, Cooper Hewitt, Smithsonian Design Museum (2016)

Rissanen, T and H. McQuillan, Zero Waste Fashion Design, Fairchild Books (2016)

Minney, S., Slow Fashion: Aesthetics Meets Ethics, New Internationalist (2016)

Dunne, A. and F. Raby, Speculative Everything: Design, Fiction and Social Dreaming, MIT Press (2013)

Cline, E., Overdressed: The Shockingly High Cost of Cheap Fashion, Portfolio (2013)

Brown, S., ReFashioned: Cutting-Edge Clothing from Upcyled Materials, Laurence King Publishing (2013)

Chouinard, Y. and V. Stanley, The Responsible Company: What We've Learned from Patagonia's First 40 Years, Patagonia Books (2012)

Fletcher, K. and L. Grose, Fashion & Sustainability: Design for Change, Laurence King Publishing (2012)

Koren, L., Wabi-Sabi for Artists, Designers, Poets & Philosophers, Imperfect Publishing (2008)

Rivoli, P., The Travels of a T-Shirt in the Global Economy; An Economist Examines the Markets, Power and Politics of World Trade, Wiley (2005)

Braungart, M. and W. McDonough, Cradle to Cradle: Remaking the Way We Make Things, North Point Press (2002)

Laurel, A.B., Living on the Earth, Gibbs Smith Publishing (1970)

Carson, R., Silent Spring, Houghton Mifflin Company (1962)

PHOTOGRAPHIC CREDITS

4–5 Goran Jakus Photography; 6 The Museum of English Rural Life, University of Reading; 7 SSPL/Getty Images; 8 North Wind Picture Archive/Alamy Stock Photo; 9 Bettmann/Getty Images; 10 Granger/Shutterstock; 13 Tolga Akmen/AFP via Getty Images; 16–17 gorodenkoff/iStock; 19 © The Estate of John Baldessari. Courtesy the Estate of John Baldessari and Sprüth Magers; 24 The Natural Step Canada; 25 courtesy of Parley for the Oceans; 26 Isabelle Fletcher (Offcut one). Photo Daniel Alvis-Cole; 27 Samir Hussein/Getty Images; 30 Kristy Sparow/WireImage/Getty Images; 31 PixelFormula/SIPA/Shutterstock; 32 Edinburghcitymom/Shutterstock; 34l The Metropolitan Museum of Art, New York. Seymour Fund, 1967. Public domain; 34r courtesy KUON, Tokyo; 35a Wikimedia Commons. Public domain; 35b courtesy of Tom van Deijnen; 37 courtesy of Miranda Bennett Studio; 38 courtesy of Zero Waste Daniel; 39 courtesy of Susanne Guldager, La Femme Rousse; 40 courtesy of Vera de Pont; 41 courtesy of Resortecs®; 43 courtesy of Filippa K. Photo Frida Vega, model Solvej J; 44–5 courtesy of Qwstion International; 49 courtesy of LENA The Fashion Library; 50a courtesy of Patagonia; 50b courtesy of FREITAG; 51 courtesy of Global Textile Standard (GOTS); 53 Southwark Local History Library and Archive; 54a Library of Congress, Prints and Photographs Division; 54b Roger-Viollet via Getty Images; 55 PixelFormula/SIPA/Shutterstock; 56–7 courtesy of Everlane; 58 courtesy of Bolt Threads; 59 courtesy of Komodo; 60l courtesy of For Days; 60ar courtesy of H&M; 60b courtesy of Textil Santanderina; 62l & r courtesy of FREITAG; 62r photo Roland Tännler; 63a photo Raul H. Rivera; 63c courtesy of Piñatex; 63b courtesy of Orange Fiber; 64 courtesy of Qwstion International; 65 courtesy of Bolt Threads; 68 courtesy of Parley for the Oceans and Adidas; 69 courtesy of Cubitts; 72 Shutterstock; 74a Wim Van Egmond/Science Photo Library; 74b courtesy of DyeCoo; 77 courtesy of H&M; 78 © Hati Kecil Visuals/Greenpeace; 79l courtesy ZDHC; 79r courtesy of Sustainable Apparel Coalition; 81l Munir Uz Zaman/AFP via Getty Images; 81r courtesy of Bryony Porter @ Tickover; 82–3 courtesy of Fashion Revolution; 82b courtesy of LabourBehindtheLabel.org; 84 courtesy of Ella Pads; 86 courtesy of Asket, Sweden; 87 H.studio/Shutterstock.com; 90a courtesy of SoftwearAutomation.com; 90b dynasoar/iStock; 91 Levi's®; 93 courtesy of Fashion Revolution; 95 courtesy of Miranda Bennett Studio; 96–7 cocojune77/iStock; 101 Luka Storm/Cultura/Science Photo Library; 105 DrAfter123/iStock; 106 permission courtesy of Smart Freight Centre; 107 andrey_l/Shutterstock; 108a, 109 courtesy of Studio Roosegaarde; 108b Xinhua News Agency/Shutterstock; 112 courtesy of COS; 113l photo Giulia Hetherington; 113c Vincent Tullo for The Washington Post via Getty Images; 113r Suratchana Pakavaleetorn/Shutterstock; 114 courtesy of HURR Collective; 116a Astrid Stawiarz/Getty Images for Luminary; 116b, 117r courtesy of For Days; 117l courtesy of Pure Waste; 121, 123 courtesy of Birdsong. 123 photo Rachel Manns; 122 courtesy of Collina Strada; 124 courtesy of Toqa Island, Manila; 125l courtesy of Story mfg.; 125r courtesy of Birdsong. Photo by Liz Seabrook; 127 courtesy of Veja, Paris; 128–9 Davizro/iStock; 130 courtesy of Fashion Revolution; 132 courtesy of Everlane; 133 PixelFormula/SIPA/Shutterstock; 134 Photo © BMZ; 135l courtesy of WRAP; 135r courtesy of Ginetex; 137 courtesy of Taylor Stitch; 138 courtesy of www.solve.studio; 139, 141 courtesy of LENA The Fashion Library; 140 courtesy of The North Face; 143 courtesy of Patagonia; 145 courtesy of Parley for the Oceans and Adidas; 146, 147 *Environmental assessment of Swedish clothing consumption - six garments, sustainable futures*, by Sandin, G. et al., (2019). Mistra Future Fashion report: 2019:05. Courtesy RI.se; 148 photo Christoph Wehrer/BMU; 149 The Asahi Shimbun/Getty Images; 151 courtesy of Patagonia; 152–3 courtesy of FREITAG; 154 Nadiia_foto/Shutterstock; 156 courtesy of Reet Aus. Photo Kroot Tarkmeel; 158 courtesy of RAEBURN; 159 courtesy of Eileen Fisher. Photos Michael Chung; 160 courtesy of UPMADE/Reet Aus; 161 courtesy of RAEBURN. Photo Heiko Prigge; 163, 164 courtesy Global Fashion Agenda: Copenhagen Fashion Summit; 165 fashionforgood.com; 166 courtesy Provenance.org; 167 courtesy Global Fashion Agenda; 169 courtesy of Lilah Horwitz, Eileen Fisher.

ACKNOWLEDGMENTS

A huge thank you to the many talented and inspiring designers, brands, activists, and organizations who kindly took the time to email, chat, or send images of their work. You have contributed to the book immensely.
Thank you to the reviewers, in particular Jayne Mechan and Belinda Orzada, for their valuable feedback on the manuscript.
Thank you, too, to the team at Laurence King Publishing: Sophie Wise and Katherine Pitt for their meticulous yet always compassionate editing and expertise, and Kara Hattersley-Smith and Helen Ronan for their initial guidance. Many thanks to illustrator Akio Morishima, Davina Cheung in production, and designer Jon Allan, who is responsible for the book's stylish visual presence. And a sincere thanks to Giulia Hetherington for her photo-researching superpowers.
Thank you to the students I have taught and learned so much from over the years.
Most of all, I am grateful to Mr. Fox, Dune, Jonathan, and my family for their love and support during the development of this book.
"In nature, nothing exists alone."
Rachel Carson, Silent Spring